Belas Letras

CB015306

GILVAN MOURA

A Liverpool dos Beatles

*um passeio pela cidade
da banda mais amada
do mundo*

Ilustrações
Jonas Santos

1ª reimpressão/2023

Este livro é o resultado de um trabalho feito com muito amor, diversão e gente finice pelas seguintes pessoas:

Gustavo Guertler (*publisher*), Germano Weirich (edição e preparação), Celso Orlandin Jr. (capa e projeto gráfico) e Jonas Santos (ilustrações).

Obrigado, amigas e amigos.

2023

Todos os direitos desta edição reservados à
Editora Belas Letras Ltda.
Rua Antônio Corsetti, 221 – Bairro Cinquentenário
CEP 95012-080 – Caxias do Sul – RS
www.belasletras.com.br

Dados Internacionais de Catalogação na Fonte (CIP)
Biblioteca Pública Municipal Dr. Demetrio Niederauer
Caxias do Sul, RS

K82m Moura, Gilvan
     A Liverpool dos Beatles / Gilvan Moura; ilustrador:
    Jonas Santos. - Caxias do Sul, RS: Belas Letras, 2022.
     112 p. il.

     ISBN: 978-65-5537-261-8

     1. Rock (Música). 2. Beatles (Conjunto musical).
    3. Músicos de rock - Inglaterra – Biografia.
    I. Santos, Jonas. II. Título.

22/67   CDU 784.4(420)

Catalogação elaborada por Rose Elga Beber, CRB-10/1369

A todos os cães e gatos.
Alguns se foram, outros permanecem comigo.
Eu amo todos eles.

SUMÁRIO

O que (que) foi que aconteceu? **8**

A faixa de pedestres e o telhado **13**

Liverpool **17**

Estação de Lime Street **19**

Mathew Street e o Cavern **22**

Penny Lane **29**

Strawberry Field **32**

Woolton **35**

 O Encontro **37**

Casa de John Lennon **41**

Casa de Paul McCartney **47**

Casa de George Harrison **53**

Casa de Ringo Starr **57**

Stuart Sutcliffe **62**

Gambier Terrace **63**

Clubes **64**

 O Casbah de Mona Best **64**

 Jacaranda e Blue Angel **67**

Escolas e Faculdades **70**

  Escolas Primárias **70**

  Quarry Bank **71**

  Liverpool Institute e Faculdade de Artes **73**

Trabalhando como um cachorro **75**

A Casa de Percy Phillips **81**

A Casa da Família Caldwell **82**

Hulme Hall **85**

O Incidente na Casa da Tia Gin **87**

Lojas **90**

  Nems **90**

  Hessy's **93**

  Rushworth & Dreaper **95**

Sefton Park **97**

Saindo de Liverpool? **99**

Liverpool depois dos Beatles **104**

Liverpool Empire **107**

Agradecimentos **111**

O QUE (QUE) FOI QUE ACONTECEU?

"MEU NOME É GILVAN MOURA E ESSA É A BEATLES SCHOOL!"

Assim começo meus vídeos, onde procuro responder uma pergunta sobre os Beatles: "O que (que) foi que aconteceu?".

Tento, da maneira mais informal possível e com bom humor, contar a história dessa banda de Liverpool que é a minha maior paixão. Esse bom humor e o fato de saber contar uma boa história vêm da minha carreira de professor.

Sou professor de Inglês e suas Literaturas. Formado em Letras, lecionei nas redes pública e particular, além de diversos cursos de idiomas. Assim, após duas décadas de ensino, aprendi a falar com as pessoas, a explicar e a segurar a atenção delas.

Tenho um canal no YouTube com dezenas de milhares de seguidores beatlemaníacos. Às vezes conto histórias que as pessoas já conhecem há anos, mas sempre trazendo algo novo, algo que as surpreenderá. Na Beatles School eu sempre tentei abordar assuntos que fossem interessantes para uma pessoa que estivesse se apaixonando pelos Beatles e com sede de informação, mas também para aqueles que já sabiam muito e queriam mais. Sempre foi necessária essa abordagem.

Tive a oportunidade de ir a Liverpool algumas vezes. Eu queria entender a cidade de onde vieram os Beatles. Talvez lá eu encontrasse a razão da minha adoração a eles. Ao chegar lá, eu quase conseguia ver Julia Stanley indo trabalhar num pub. Harry Harrison dirigindo um ônibus. Elsie Starkey indo ao hospital visitar seu filhinho doente. Alfred Lennon partindo mais uma vez e deixando a família pra trás. James McCartney atravessando a rua com o *Liverpool Echo* debaixo do braço, checando o preço do algodão, sempre simpático e cordial.

Mas eu sempre imaginava os quatro. Ou melhor, os seis. John, Paul, George, Pete, Stu e Ringo. Eu queria vê-los. Lá era o lugar.

Eu sempre estudei os Beatles. Li mais livros sobre os Beatles do que livros sobre literatura. Estudei as músicas, as guitarras, as famílias, os carros, mas sobre Liverpool eu encontrei uma certa dificuldade, pois as informações eram poucas ou estavam espalhadas em diversos livros. Eu precisava ir lá. Sentir o lugar. Nunca encontrei um guia com o qual eu ficasse satisfeito. Os nomes dos lugares estão ali, e eu sabia o que tinha acontecido neles. Mas e as pessoas que não tiveram a oportunidade – que eu tive – de ler diversos livros? Como poderiam desfrutar da história?

Essa lacuna sobre Liverpool ficou evidente quando eu cheguei na Estação de Lime Street e decidi pegar um táxi. Combinei o preço pela "Beatles tour" e fui.

Falei os pontos que gostaria de visitar e aproveitei cada minuto em frente a esses lugares. O motorista esperava pacientemente no carro e eu respirava a história impregnada naquelas paredes, muros e ruas. Eu tentava lembrar e reunir as informações que estavam espalhadas na minha cabeça, vindas de diversos livros e documentários.

Lembro quando o motorista passou por uma rua chamada Quarry Street. Ele me disse: "Foi daqui que saiu o nome Quarrymen, primeira banda do John Lennon!". Eu escutei aquilo e pensei: "Não... não foi!".

Então expliquei ao simpático taxista sobre a escola que John frequentou nos anos 1950 e da qual tirou o nome da banda. Passei então a contar a ele os fatos sobre todos os outros lugares. A história da Igreja de Woolton, o túmulo de Eleanor Rigby e outras coisas. Enquanto passávamos por todas aquelas casas e ruas, ele ia anotando as histórias que eu contava. Pois tudo o que ele me dizia estava errado, meio errado ou reproduzia mitos já há muito tempo derrubados. Ele não tinha obrigação de saber as histórias. Tinha era que saber onde ficavam os lugares. Mas seguia anotando num bloquinho.

"Vai me ajudar com os próximos turistas! Você sabe mais do que as pessoas que moram aqui. Conte mais!", disse o taxista com aquele sotaque tão particular, tão familiar aos meus ouvidos.

Por outro lado, ele ia me contando sobre a cidade e sobre a vida dele. Contou de seu bisavô que morreu na Primeira Guerra, do avô morto na Segunda Guerra, do pai, que também era taxista, e da felicidade da volta de seu único filho do Afeganistão. Eram histórias tão boas quanto as dos Beatles.

Ele anotou tudo e adorou as histórias, e eu adorei as dele. Um bom contador de histórias tem que ser primeiro um bom ouvinte.

Então o divertido motorista me levou ao hotel, após me pagar uma bela rodada de cerveja num pub e comermos um ótimo prato de *fish'n'chips*.

"Aqui está meu cartão. Se você se perder, me liga! Eu te busco!"

O povo de Liverpool é assim. Simpático, simples, cordial, além de muito orgulhoso e muito, mas muito engraçado. "Não deixe de ir à Mathew Street! Todas as noites tem algum show no Cavern!"

Isso foi há algum tempo. Hoje, existem guias, ônibus mágicos e misteriosos para levar você a todos esses lugares. Liverpool aprendeu a ganhar dinheiro com os Beatles.

Um dia tive a honra de ser chamado para ser revisor técnico de uma das maiores biografias já escritas sobre os Beatles: *Tune in*, o livro do historiador Mark Lewisohn. Tive a feliz oportunidade de ler, frase por frase, a história inicial dos Beatles e de Liverpool nessa obra que, pra mim, é definitiva. Assim, eu pude lembrar dos lugares que visitei nas minhas viagens e juntar com as histórias detalhadas que li nesse maravilhoso livro.

Eu não irei recontar a história dos Beatles, não é essa minha intenção. Não vou me aprofundar em personagens e assuntos que talvez você já conheça tanto quanto eu. Nesta minha obra, eu decidi falar de lugares em Liverpool que tenham uma importância histórica relevante, que tenham uma conexão real com os Beatles e, principalmente, onde aconteceu alguma história interessante. Algo para colocar um sorriso no seu rosto ou uma lágrima na bochecha. Por isso eliminei alguns locais que, por mais que sejam conhecidos, não são relevantes aqui.

As histórias que eu conto são fruto de pesquisa em diversos livros, documentários e entrevistas que venho consultando ao longo dos anos para compartilhar com beatlemaníacos como você. Minha intenção é que você vá a Liverpool sem sair do seu sofá e que imagine como são esses lugares e visualize seus personagens. As pessoas aqui mencionadas eram de outra época, com outras tradições e dramas pessoais. Jamais julgarei decisões tomadas por alguns deles. Não é meu papel, minha intenção e nem meu direito.

Espero que você goste e que, no futuro, quando for a Liverpool, pegue um táxi e faça como eu fiz. Tenha o seu momento ao se deparar com essas casas, prédios e ruas. Deixe-se emocionar ao saber o que (que) foi que realmente aconteceu ali.

Um grande abraço
Gilvan Moura

A FAIXA DE PEDESTRES E O TELHADO

Em pé, na estação de trem de Euston, em Londres, o nervosismo toma conta. Pulsando na palma da mão, o ticket traz a inscrição: *Liverpool – Lime Street Station*. De certa forma, é como ir a um show do Paul ou do Ringo. Para um fã dos Beatles, Liverpool é mais um personagem do que apenas um lugar, e há quase a certeza de que o trem que nos leva até lá tem o número 909, ou o próximo depois de 909, assim como na canção. Essa é uma fantasia crível. Você já começa a cantarolar ali mesmo.

Geralmente a viagem de um beatlemaníaco começa em Londres, Jubelee Line, St. John's Wood Station. Lá temos os Estúdios Abbey Road, onde eles gravaram pelo menos 80% de suas músicas. Um lugar mágico: do lado de fora de seus portões – agora fechados para fãs – é quase possível ver os Beatles chegando e subindo o lance de escadas, indo gravar a trilha sonora de nossas vidas. Onde será que o roadie Neil Aspinall estacionou a surrada van vinda de Liverpool para os meninos fazerem a primeira audição para George Martin? Será que foi aqui ou ali? Foi em algum lugar. Qualquer lugar.

Ao olharmos da calçada para dentro, os pensamentos ficam confusos. Você lembra dos meninos naquela escada, em seus ternos pretos, pulando de alegria para as lentes do fotógrafo Dezo Hoffmann no inverno de 1963, logo após gravar o primeiro disco. Mas também os vê sentados, barbudos e com seus longos cabelos, sisudos, tensos e cheios de problemas, esperando para irem lá fora tirar a foto atravessando a faixa de pedestres no verão de 1969.

Do lado de fora do antigo prédio, à direita de quem sai do estacionamento dos estúdios, há a famosa faixa de pedestres. A emoção faz qualquer adulto estremecer. Ao dar a volta e olhar no mesmo ângulo que o fotógrafo Ian McMillan olhou em agosto de 1969, a impressão é a de que você está em uma fenda no tempo.

Lá estavam o médico, o padre, o defunto e o coveiro. Era assim que imaginávamos os quatro. John de branco, já completamente envolto nos movimentos pacifistas, Ringo sempre elegante com seu terno escuro e paletó longo como uma batina, seguido de Paul descalço. Morto! Por fim, vinha George todo em denim, camisa e calça. Elegante em outras fotos, mas ali parecia um trabalhador braçal, um pedreiro, ou então... coveiro.

É como entrar num pôster daqueles que enfeitavam os quartos de milhões de fãs em diversas décadas. O que teria no final daquela rua? Quem morava naqueles prédios em volta? Ah... a imaginação de um fã.

Lá perto de Abbey Road mora o cara. Paul McCartney possui hoje várias residências, fazendas, apartamentos etc. Mas a casa que ele comprou seguindo conselhos de contadores para investir seu dinheiro em 1966 está a alguns quarteirões dali. Saiba que não é educado ficar parado na frente da casa de um beatle. Isso não traz boas recordações e logo a polícia irá pedir que você saia dali.

Podemos seguir para *The Tube*. É assim que eles chamam o metrô. Faremos uma visita a Mayfair. Especificamente, Savile Row. Lá ainda existem as famosas lojas onde você pode comprar um terno e ficar elegante como o rei Charles III ou o príncipe William. É lá que um prédio branco, no qual morou a amante do Almirante Nelson, chama a atenção das pessoas. Não é incomum vermos alguém olhando para cima ao passar em frente a esse antigo prédio, tentando ver, ou até mesmo ouvir, a banda.

Eles estão lá? Há música tocando no telhado? Claro que não! Mas ouvem-se assobios de um ou murmúrios de outro entoando a melodia de "Get Back". Sorrisos e olhares de afirmação são trocados com estranhos. Pessoas de todo o mundo e com idiomas completamente diferentes trocam olhares de reconhecimento. "Hum, você também!" É como se fosse um clube com milhões de sócios. É como ver uma outra pessoa com a camisa de seu time de futebol. Os Beatles nos dão essa sensação de pertencimento que é uma característica tão primitiva. Fazer parte desse grupo de pessoas que amam a música, as personalidades, os cabelos, as roupas, os prédios e até uma faixa de pedestres.

Então você quer mais. Mas só há um lugar onde você poderá se lambuzar de ruas, de prédios, de cheiros, de música e principalmente de história.

Estação de Euston, ticket na mão. O nome de Liverpool pulsando. Chegou o trem. Não é 909, mas quem se importa? Vamos para Liverpool!

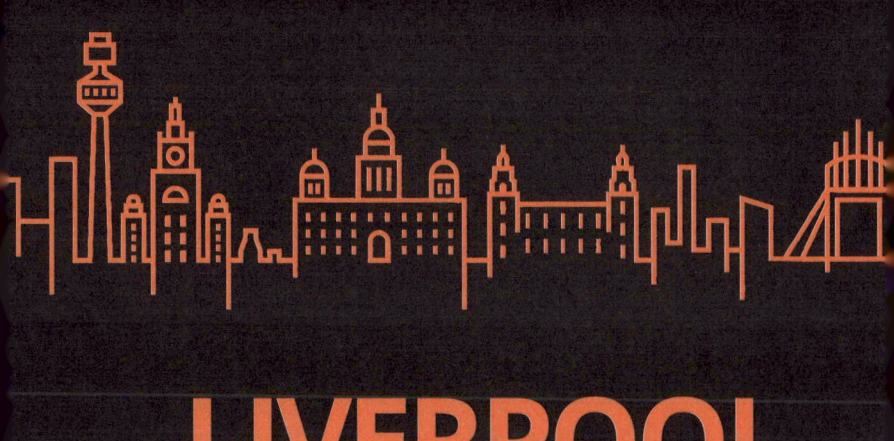

LIVERPOOL

LIVERPOOL FOI FUNDADA EM 1207 E SE TORNOU UMA CIDADE mesmo em 1880. Foi o rei John (olha a coincidência) que autorizou a pequena vila de pescadores a se tornar um município. Depois, em 1229, o rei Henry III deixou os mercadores venderem e comprarem sem impostos reais naquela área. Assim criou-se o porto de Liverpool. Foi um dos maiores portos do mundo, com o rio Mersey batendo de frente com o Mar da Irlanda.

Lá chegava de tudo, e de tudo saía. Não apenas mercadorias das Américas, da África e da Ásia, mas também... gente. Chegava gente do mundo todo. De lá alguns penetravam na velha Inglaterra, e alguns outros ali ficavam. Chegaram também muitas famílias da vizinha Irlanda. Muitos católicos passaram a morar ombro a ombro com protestantes. Chegaram os antepassados com sobrenomes Lennon, McCartney, dentre outros. Famílias cujos membros mais tarde ajudariam a mudar o mundo.

A cidade, quando os meninos nasceram, tinha seus prédios e ruas bem sujos. A Grande Depressão no início dos anos 1930 deixou sequelas por décadas, e depois os nazistas bombardearam Liverpool sem pena. A fumaça dos navios e fábricas impregnava as belas fachadas dos prédios. Havia buracos de bombas e muitos escombros, que ficaram daquele jeito por anos. Até o início dos anos 1960 não mudou muito. O Sul do país não se preocupava com o Norte, e Liverpool foi sendo esquecida, largada, e seu povo sofria o preconceito. Os nossos meninos nasceram ali, naquele mundo, quando suas famílias passavam pelo drama da virada dos anos 1930 para os 1940.

Mas agora estamos chegando na Estação de Lime Street, vindos de Londres para visitar a cidade. Jamais entenderei a sensação de que eles, os quatro, estariam nos esperando na plataforma. É uma sensação boba e quase infantil. Ao pegarmos nossas malas e mochilas, olhar pela janela e conferir se eles estão ali é quase obrigatório.

A voz no sistema de som do trem avisa: "Estação de Lime Street. Liverpool!"

Ah, eles estão lá... Não estão?

Olhando pra fora da estação, Liverpool parece tão limpa e bonita!

ESTAÇÃO DE LIME STREET

HÁ DIVERSAS FORMAS DE CHEGARMOS EM LIVERPOOL, MAS nenhuma é tão interessante quanto chegar de trem na Estação de Lime Street. Chegar de trem gera uma expectativa diferente. Nesta estação muita coisa aconteceu.

Chegando à saída da estação, alguns fantasmas aparecem. Ali John, Paul, George e Pete esperavam seu empresário Brian Epstein voltar de Londres. Eles passavam o tempo bebendo num pub em frente à estação e, quando chegava a hora, corriam para a plataforma de onde Brian desembarcava todo arrumado, com seu terno impecável e exalando sua já conhecida loção pós-barba e com notícias de Londres: "Não foi desta vez, rapazes".

Brian se tornou empresário dos Beatles em 1961. Ele dizia que os Beatles seriam maiores que Elvis. Tinha tamanha confiança no talento dos garotos que ia a Londres com acetatos de "Like Dreamers Do" e "Hello Little Girl" na tentativa de arrumar nas gravadoras Columbia, Pye, HMV, Decca e EMI uma audição para os meninos mostrarem seu talento. Foram várias viagens e muitas decepções. Um dia, o destino juntou pessoas e interesses e ele conseguiu. Imagino a alegria que sentiram quando ele disse que eles tinham um contrato com a EMI, e George Martin, da Parlophone, lhes daria uma chance. "Preparem material, rapazes!"

Desta mesma estação Alf Lennon partira para Londres, na tentativa de ganhar a vida, deixando o pequeno John sem um pai. Quando não partia pelo mar, partia de trem. Ao mesmo tempo, foi ali que Harry Graves chegou de Londres na tentativa de ganhar a vida em Liverpool. Logo conheceria uma mulher divorciada de Dingle e seria o pai do qual o pequeno Richy Starkey tanto precisava. O homem que daria ao garoto sua primeira bateria. Um perdia o pai, outro ganhava um. Era assim a vida após a Segunda Guerra. Liverpool bombardeada, racionamento e decepções particulares. Mas o bom humor sempre foi uma característica forte daquela gente. Foram bombardeados por nazistas. Precisava de muito para balançar um *scouser*.

Do lado de fora da estação, temos a Lime Street. Há uma escadaria e, logo em frente, o Saint George's Hall. É impossível não cantarolar a velha canção folclórica que John "puxou" nas gravações do filme *Get Back/Let It Be*. No início de tudo, sua mãe Julia ensinou-lhe os acordes dessa canção de marinheiros no seu banjo. Ela seria tocada diversas vezes pelos grupos de skiffle. A velha canção sobre uma prostituta da Lime Street. Maggie Mae. Ela roubava seus clientes e foi parar na cadeia, dizia a canção. Maggie Mae era o termo com o qual se referiam a essas mulheres. Não existiu "a" Maggie Mae. Mas elas faziam ponto ali na Lime Street, esperando um viajante distraído. Então, tome cuidado!

Ao olhar para fora da estação, você vê a Liverpool moderna, mas também vê a Liverpool vitoriana e eduardiana. Muitos prédios foram construídos pelas mãos do avô de George Harrison. Tempos em que as construções eram feitas para durar. Estão lá até hoje.

MATHEW STREET E O CAVERN

UMA CAMINHADA CURTA VINDO DA ESTAÇÃO DE TREM E VOCÊ chega na famosa Mathew Street. É uma rua para pedestres, então é bem comum vermos pessoas ainda de mochila vindas da estação.

Os pequenos prédios são antigos, e a rua apertada. É um beco largo, hoje lotado de pubs, museus e lojas temáticas relacionadas aos Beatles. Mas muita coisa aconteceu ali. Na segunda metade da década de 1950 foi inaugurado um local onde as pessoas poderiam curtir um pouco de música na hora do almoço. Nada de rock, mas sim o bom e velho jazz americano.

O local se chamava The Cavern Club. O proprietário tirou o nome de um lugar parecido em Paris. Boa música, sanduíches e refrigerantes. Ao entrar, o sol desaparece, pois a escadaria que você descerá é escura e as paredes todas pintadas. Você vai descendo e descendo. Há um grande mural onde está escrito CAVERN. Finalmente, bem abaixo do nível da rua, você se depara com uma grande porta. É só entrar e você é transportado para 1960. Chegará numa réplica do que era o lugar

naquela virada de década. Cadeiras antigas em frente a um minúsculo palco. O teto é baixo e, à esquerda de quem entra, há um balcão. Se você seguir por ali, passará por quatro cabeças gigantes dos Beatles e chegará num palco moderno. Foi lá que Paul se apresentou em 1999 para divulgar seu álbum *Run Devil Run*, e novamente em 2018.

Bem antes disso, em 7 de agosto de 1957, alguns jovens foram ao Cavern para ouvir uma banda de estudantes que supostamente tocavam skiffle. Quando eles tentaram colocar algumas músicas de Elvis e Little Richard, foram enxotados do lugar: rock'n'roll não era permitido no Cavern. A banda se chamava Quarrymen. Tinha como vocalista o garoto Lennon. "Aquele Lennon", como era reconhecido com reprovação pelos pais de seus amigos. Lá em cima, na época, a Mathew Street era um beco cheio de prédios com armazéns de frutas e legumes, cheirando como uma feira.

Num desses prédios ficava o Cavern, que Brian Epstein visitou em 1961 com seu amigo Alistair Taylor, para ver esse grupo de que tanto falavam. Brian gerenciava a loja Nems, de sua família. Ele era encarregado, dentre outras coisas, da loja de discos. Tinha bom gosto e ouvira falar dessa banda que tocava na hora do almoço numa taverna não muito longe de sua loja. Foi até lá, mas não era o lugar que um homem elegante como ele frequentava. O cheiro de sua loção destoava do fedor daquele porão. Diziam que o ar no Cavern era uma mistura de legumes, refrigerante, detergente e suor. O "Fedor do Cavern" ficava impregnado nas suas roupas e cabelos. Mas não foi o suficiente para causar nojo a esse homem elegante.

Brian entrou e se apaixonou ao ver aqueles quatro elementos num palco mal-iluminado. Havia alguma coisa neles que o atraiu. "Talvez fossem as calças apertadas", diriam alguns mal-intencionados. Bob Wooler, que era o mestre de cerimônias do Cavern, o anunciou: "O dono da loja de discos Nems está aqui hoje. O senhor Brian Epstein!". A garotada olhou pra ele e ficou imaginando o que um homem como aquele estaria fazendo ali. Mas logo os Beatles começaram a tocar e esqueceram da presença daquele senhor – sim, aos 27 anos, naquela época, já era considerado um senhor.

Logo Brian os convidaria para ir até seu escritório. Bob Wooler foi com eles. Quando Brian perguntou o que o senhor Wooler estaria fazendo ali no escritório, John respondeu: "Ele é meu pai!".

Agora podemos passear tranquilamente pela Mathew Street, pois hoje não há mais fedor. O que existe é muita história. Os Beatles foram filmados no palco do Cavern pela TV Granada em 1962, logo depois que Ringo entrou no lugar de Pete Best. Nas filmagens, eles tocam "Some Other Guy" e "Kansas City", e no finalzinho alguém grita: "Nós queremos o Pete!". Eles também usaram o Cavern vazio numa tarde para ensaiar as músicas que tocariam nos estúdios da EMI, em Londres. Há gravações de "I Saw Her Standing There" e "One After 909" lá.

Foi lá também que apareceram dois personagens que ficariam com os Beatles pelo resto de suas vidas. O primeiro era Mal Evans. Um gigante gentil que gostava de ir ver os Beatles. Um dia, ao conversar com George, este lhe deu uma dica: "Por que você não trabalha aqui de segurança?". George ajudou Mal a arrumar o emprego de leão de chácara do Cavern. Era um grande fã de Elvis e sempre pedia aos meninos para tocarem uma ou outra do rei.

O outro era Neil Aspinall. Ele morava na casa dos Best e, na procura de um troco, passou a levar os Beatles para os lugares onde tocariam. A van, que pertencia à senhora Best, ficava estacionada ali na Mathew Street, e ele ajudava a tirar os equipamentos. Ele era muito próximo de Pete Best, então, quando este saiu da banda, a expectativa era de que Neil saísse também. Mas ele ficou. No dia seguinte à saída de Pete, os outros três perguntaram a ele: "Como o Pete está se sentindo?". Neil, sabendo de seu lugar mas jamais se rebaixando, respondeu: "E vocês, como estão se sentindo?".

Neil estava com Pete quando ele foi chutado da banda. Foram para um pub e tomaram algumas cervejas, e ele consolou o amigo.

Neil então bateu nas costas de Pete e disse: "Bom, lamento, mas tenho que ir!". Pete não entendeu e perguntou: "Como assim?". Neil pegou sua jaqueta, pagou sua cerveja e respondeu: "Você perdeu seu emprego. Eu não!".

Há um agravante aqui: Neil e a mãe de Pete tiveram um caso, e um filho surgiu desse relacionamento. Neil era amigo de Pete, mas também pai de seu irmão mais novo. Permaneceram amigos.

Neil e Mal cresceram na aba dos Beatles. Viajaram o mundo com eles. Conheceram celebridades e trabalharam para os Beatles pelo resto de suas vidas. Tudo isso começou ali, na Mathew Street e no Cavern.

Uma história curiosa foi quando George Martin pegou um trem para a Estação de Lime Street, partindo de Londres para averiguar se seria possível gravar o primeiro LP dos Beatles no Cavern. No dia 12 de dezembro de 1962, já com o contrato para gravar o que seria o álbum "Please Please Me", George Martin chegou na Mathew Street bastante curioso. Os Beatles haviam dito a ele que tocavam melhor diante de um público, e depois do sucesso surpreendente de "Love Me Do" e da expectativa criada após a gravação do compacto "Please Please Me", Martin queria testar o local. Bob Wooler se lembra desse elegante homem, com sotaque da realeza, batendo palmas dentro do Cavern para testar a acústica do lugar. Mas ao ver líquidos brotando e pingando do teto e a umidade ao redor, George Martin não gostou e desistiu de gravar lá.

Brian Epstein aproveitou e o levou para conhecer outros lugares e outras bandas de Liverpool. Ele ficou impressionado com Gerry & the Pacemakers, Billy J. Kramer & the Dakotas, entre outros. Decidiu levá-los todos para a EMI e testá-los. Depois de toda a dificuldade que os Beatles tiveram para conseguir uma chance, o caminho foi facilitado para essas outras bandas.

Os Beatles tocaram no Cavern quase três centenas de vezes. A derradeira apresentação ocorreu no dia 3 de agosto de 1963. Com o sucesso alcançado naquele ano, eles não tocavam mais em lugares pequenos e voltaram pouquíssimas vezes a Liverpool. O Cavern foi sendo esquecido e perdeu sua relevância. Foi demolido duas décadas depois.

Mas como assim? O Cavern descrito não é o Cavern onde os Beatles tocaram?

Na verdade, o antigo club virou um estacionamento, mas sua entrada original ainda está lá. Ele fechou em 1973, quando a "British Railway" comprou os prédios e, para construir um sistema de ventilação para os túneis que fariam ali, demoliram o Cavern. Os túneis nunca foram feitos, e foi assim que o local se tornou um estacionamento. Houve uma pretensão de escavar o Cavern e tentar reconstruir o local nos anos 1980, mas seus arcos foram demasiadamente danificados, e isso interrompeu o processo.

Assim, resolveram fazer outro Cavern. Os tijolos originais dos arcos foram vendidos, mas alguns foram aproveitados na construção. Está ali, pertinho de onde era o original. É o mais próximo possível que temos. Mas é melhor do que nada.

A Mathew Street tem estátuas de John Lennon e Cilla Black (cantora de Liverpool para a qual Lennon e McCartney deram várias canções). A estátua de John faz alusão à capa do álbum *Rock'n'roll*, de 1975. Mas na capa John estava em Hamburgo. Aqui temos um John já de franja, encostado na parede. Há também um grande muro de tijolos, e em cada um deles o nome de uma banda, cantor ou figura importante para a história do lugar – é o Liverpool Wall of Fame.

Ao sairmos pela Stanley Street, virando à direita, temos a Estátua de Eleanor Rigby. Um local delicioso para passear e respirar – não o fedor de outrora, mas a história dos Beatles. Porém, antes de partirmos para explorar a cidade, devemos conhecer o pub que os Beatles gostavam de frequentar na Mathew Street, 25: The Grapes!

O Cavern não servia bebidas alcoólicas, então os Beatles costumavam ir até o Grapes, tomar uma cerveja e depois voltar para o Cavern durante uma pausa ou outra em suas apresentações. Saúde!

PENNY LANE

NO ÁLBUM DE 1994 *BEATLES LIVE AT THE BBC*, OS BEATLES SÃO indagados sobre o que sentiam falta de fazer agora que eram famosos. A resposta de Paul foi rápida: "Andar de ônibus!". Paul adorava andar de ônibus e prestar atenção nas pessoas pelo caminho. Aqueles ônibus verdes de dois andares em que ele subia para fumar um cigarro, alguém falava alguma coisa e ele entrava num sonho. Como na letra de "A Day in the Life".

Em 1965, quando John e Paul escreviam a letra de "In My Life", Paul teve a ideia de dar nome aos lugares que John havia anunciado no verso: "Há lugares que eu lembro...". Paul pensou em colocar na letra "Penny Lane"!

O nome "Penny" veio supostamente de um comerciante de escravos do século 18, James Penny. Alguns protestos surgiram há alguns anos e as placas foram pichadas por manifestantes. Mas o nome da rua está tão positivamente conectado aos Beatles que acabaram deixando pra lá a possível relação com o escravagista de outros tempos.

Segundo John, Penny Lane não é uma rua. É quase um distrito. Paul não morou lá, mas John morou. Paul passava por lá. Todos passaram por Penny Lane de ônibus, pois toda a área que fica em volta das junções de algumas ruas é conhecida como Penny Lane. Então é quase um distrito, no sul da cidade. Mossley Hill. É o nome dado também ao encontro de ruas: Smithdown Road e Allerton Road. Além da Church Road e a Igreja de São Barnabás. Lá John e George, quando garotos, desciam para seguir a pé até a Dovedale Primary School, onde estudavam. É ali pertinho. Há a rotatória e de lá podiam ir caminhando ou fazer baldeação para outras partes de Liverpool.

Há também o Bioletti's, onde Jim McCartney levava seus meninos, Paul e Mike, para cortar os cabelos, e que foi eternizado na canção. Paul descreve as fotos que ficavam na parede do barbeiro Harry Bioletti. Você poderia escolher esse ou aquele corte. Era só apontar para as fotos. "Quero um corte Tony Curtis desta vez!" Ele colocaria essa lembrança na música. Lógico, de uma forma quase surreal, como se o barbeiro fosse um artista mostrando as fotos numa exposição.

É interessante caminhar por Penny Lane. Parece um filme. Se tiver como ouvir a canção ao longo do caminho será ainda melhor e mais emocionante. As pessoas vêm e vão, mas não dizem "Olá" como na música. Claro! Mas se assobiarmos a parte do trompete, sempre haverá um transeunte a sorrir.

Ficamos tentando imaginar o que Paul viu e ouviu. Que bombeiro era esse que mantinha seu caminhão tão limpinho e tinha uma foto da rainha no bolso? Muitos dizem que pode (e deve) ser uma gracinha de Paul aqui. Assim como John, Paul adorava os comediantes britânicos e as diferentes interpretações de frases, palavras e expressões. O bombeiro tinha uma foto de uma mulher, que na música ficou como "Queen", uma forma para se referir às mulheres em inglês. Então muitos dizem que há referências sexuais nessa parte – o bombeiro seria um punheteiro! Ele tinha a foto da garota e gostava de manter sua máquina (seu pênis) limpa.

Há também o banco na esquina, e o banqueiro saía de lá e nunca usava a capa de chuva quando estava chovendo. As crianças riam dele. Muito esquisito! Mas aqui há outra gracinha do nosso querido Paul. A palavra "Mac" é abreviação de "mackintosh", que é como os ingleses chamam a capa de chuva. Como ela é feita de borracha e é impermeável, na época as pessoas apelidaram as "camisinhas" de "mac". Então ele, o rico banqueiro, nunca usa camisinha quando está com sua amante na "*pouring rain*", ou seja, quando ejacula. Por isso tem um monte de crianças atrás dele. Os filhos ilegítimos.

Isso sem falar na "*finger pie*", que é a gíria para quando um homem penetra uma mulher com seus dedos. Esse Beatle bonzinho é bem safado, né? Muito esquisito!

Na rotatória, onde a Church Road e a Smithdown Road se encontram, Paul viu a linda enfermeira vendendo flores numa bandeja como se estivesse numa peça de teatro. Mas ela devia estar. Seria a enfermeira uma lembrança de sua mãe, Mary? Paul disse que viu uma vez uma bela enfermeira lá. Então é tudo lembrança dele.

Tudo fica muito doido enquanto o barbeiro barbeia um outro cliente, o banqueiro reaparece e entra no Bioletti's, senta lá e espera por sua vez para ser barbeado. Então, do lado de fora da vitrine, o pobre bombeiro sai correndo no meio da chuva. Algo deve ter acontecido. Será que atropelaram a enfermeira na frente da Igreja de São Barnabás, na rotatória? Muito esquisito!

Tudo isso abaixo desse suburbano céu azul de Liverpool.

E vemos isso tudo. Beatlemaníaco consegue ver isso tudo! Pois está tudo na letra da música e na cabeça do Paul.

STRAWBERRY FIELD

STRAWBERRY FIELD (JOHN COLOCARIA O "S" FINAL NA MÚSICA) era uma casa do Exército da Salvação que funcionava como um orfanato. A casa foi construída ainda na era vitoriana, em 1870, e era a residência de um rico mercador chamado George Warren, cercada por um grande jardim. Por volta dos anos 1930, o Exército da Salvação recebeu a casa como doação. Assim, em 1936 começou a receber garotas, e mais tarde garotos.

Havia festas nos jardins e tia Mimi costumava levar o pequeno John para se divertir lá. Não era muito longe da casa deles. Saindo da casa da tia Mimi e seguindo à direita pela Menlove Avenue, virando à direita na Beaconsfield Road e subindo a rua, chegamos ao grande portão vermelho. John e seus amigos Pete Shotton e Nigel Walley iam sempre para essas festas e vendiam limonada. Brincavam muito.

O pequeno John às vezes fugia para lá sozinho, e toda vez o diretor tinha que ligar para a tia Mimi ir buscá-lo. Ele pulava o muro para brincar com os outros órfãos. Como John era apaixonado por Lewis Carroll e seu livro *Alice no País das Maravilhas*, ele via esse jardim como o Jardim Secreto de Alice. Lá ele talvez fugisse do mundo para tentar entender a razão de sua existência e a falta de amor por parte de seus pais... ou poderia ser o local onde ele tentava se encontrar, afinal, era quase um órfão também. Um órfão cujos pais ainda estavam por ali, mas ele não os tinha.

Em 1973, a imensa casa, já centenária, precisava de muitas reformas e decidiram que era melhor demoli-la e construir outra. O famoso portão não seria mais usado, pois foi feita outra entrada a oeste. Finalmente, em 2005, o orfanato foi fechado e a nova casa foi usada como uma capela do Exército da Salvação.

O grande portão vermelho ainda está lá. Turistas do mundo todo colocam a mão para talvez entrar em contato com o menino que lhes foi tão importante. As músicas dele também fizeram pessoas fugirem para dentro de si mesmas para tentar achar o que procuravam. É emocionante.

Por volta do ano 2000, alguns homens removeram os portões e fugiram numa van. Venderam a um antiquário (que jura que não sabia de onde era o portão). Por fim, a polícia o recuperou e o levou de volta para o lugar.

Em 2011, os portões e os pilares foram removidos e réplicas foram colocadas no Museu Beatles Story, e finalmente colocados de volta quando o novo Strawberry Field ficou pronto em 2019. O Exército da Salvação abriu os portões ao público (fez uma pequena entrada do lado direito de quem está olhando para o portão), e podemos visitar esse Centro para jovens com necessidades especiais. Tem um espaço dedicado à história do lugar.

A presença de John lá é forte e, se você fechar os olhos, poderá vê-lo correndo pelos jardins. "Viver é fácil com os olhos fechados." Em Liverpool a gente fecha os olhos e vê muita coisa. É incrível como isso acontece o tempo todo.

Em 1967, os Beatles tinham prontas essas duas músicas – "Strawberry Fields Forever" e "Penny Lane" –, que foram lançadas juntas num compacto. Foi um bom exemplo da sintonia e da competição sadia que os dois compositores tinham naquele momento. Mas o mais importante era como Liverpool ainda estava presente em suas mentes e corações.

Há uma lenda de que a tia Mimi um dia disse a John: "Se continuar indo pra lá, *they'll hang you*" (eles vão te enforcar). Por isso John teria colocado na letra da música, para fazer graça com sua tia: "*There's nothing to get hung about... Strawberry Fields... Forever*".

WOOLTON

AO CHEGARMOS EM WOOLTON, PRECISAMOS IR A DOIS LUGARES.
Os dois são importantíssimos. Ouso dizer que são os mais importantes e mais emocionantes.

Um deles é a Igreja de St. Peter. John, Paul e George eram frutos de casamentos de católicos com protestantes. Apenas Ringo era protestante dos dois lados de sua família. Os quatro nunca foram religiosos nessa época, e essa igreja é importante por outros motivos.

Tia Mimi tentava obrigar John a frequentar a igreja, mas logo desistiu. Nós também podemos ignorar a entrada da igreja,

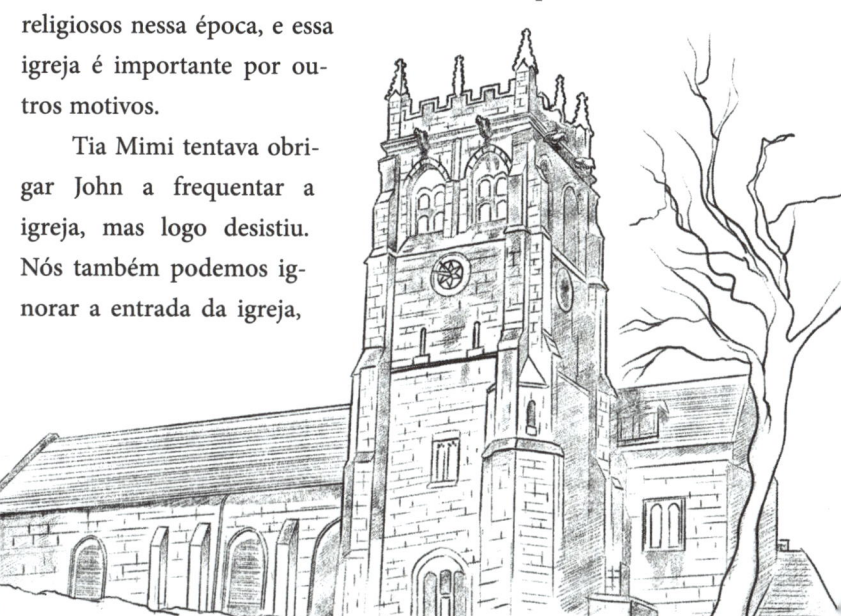

embora ela seja bonita e misteriosa, e seguir à esquerda, depois de subir o pequeno lance de escadas. Logo chegaremos ao cemitério, onde nos deparamos com as lápides antigas. Elas são altas, quase da altura de uma pessoa adulta. E lá está ela: Eleanor Rigby. O nome dela e dos familiares está escrito na lápide. Morreu há muito tempo, muito antes de os integrantes dos Beatles nascerem. Seria a Eleanor Rigby da canção de Paul?

Ao ficarmos de frente para a lápide, temos à esquerda mais lápides, e à direita a torre da igreja que preenche o visual. É um local sombrio, pois a igreja é antiga e de cor marrom.

Logo atrás há outra lápide com o nome John McKenzie. Seria ele o "Father McKenzie" da canção? Não. Não é. O sobrenome escolhido por Paul veio de um catálogo telefônico. O nome original seria "Father McCartney", mas Paul imaginou que os fãs achariam que ele estava falando de seu próprio pai. Assim, buscou o próximo nome na ordem alfabética do catálogo de Liverpool. Era "McKenzie".

Quanto ao nome "Eleanor", Paul se inspirou na atriz Eleanor Bron, do filme *Help!*. E "Rigby" ele tirou de uma loja em Bristol, enquanto viajava com sua então namorada Jane Asher. Paul juntou os nomes e ficou "Eleanor Rigby". Inicialmente, ele tinha usado o nome "Miss Daisy Hawkins" para o mesmo verso da canção.

Essas duas pessoas que há muito se foram e estão enterradas nesse cemitério em Woolton não são os personagens da canção. John McKenzie não era um padre e Eleanor Rigby não era solitária, como contam seus descendentes. Mas a gente gosta de acreditar que sejam eles. É divertido pensar que se trata dos personagens da famosa música.

O ENCONTRO

Do outro lado da Church Road há o local em que Paul foi apresentado a John pelo amigo em comum Ivan Vaughan. Ivan convenceu Paul, seu colega do Liverpool Institute, a ir ao local, pois havia a grande chance de ter muitas garotas. Então Paul se animou. Pegou sua bicicleta e partiu para Woolton. Afinal, era sábado.

Era úma apresentação da banda Quarrymen. Eles tocaram skiffle misturado com rock'n'roll. Era a banda de John Lennon, com Colin Hanton, Pete Shotton, Rod Davis, Eric Griffiths e Len Garry. A banda conseguiu uma apresentação no dia 6 de julho de 1957 para a Paróquia de Woolton. Bons garotos do grupo de jovens na paróquia local.

Haveria uma apresentação dos escoteiros e dos cães de polícia e mais um monte de barraquinhas com doces e sucos. Eles chegaram numa procissão e os Quarrymen vieram na parte de trás de um pequeno caminhão. Foram para o campo perto do cemitério e subiram no pequeno palco. Tinha apenas um microfone, que era conectado ao sistema de som da feira. Mimi estava lá. Ela aproveitou para colocar algumas flores no túmulo do marido no cemitério ao lado da igreja. Ficou chocada ao ver o sobrinho com aquele violão Gallotone inquebrável e com aquele visual de Teddy Boy. "Que desperdício!", ela deve ter pensado.

Mas quem estava muito feliz era Julia. Seu menino estava com a camisa que ela tinha dado de presente e tocava os acordes de banjo que ela tinha ensinado. "Meu John é uma estrela!"

Paul encontrou seu amigo Ivan e eles se aproximaram do pequeno palco, onde a banda estava tocando diversas músicas bacanas. Mas não era a primeira vez que Paul se deparava com esse menino ruivo. Uma vez, Paul o viu subir num ônibus. Parecia ser perigoso. Depois o viu em frente a uma loja. John provavelmente tinha um visual que chamava a atenção de quem cruzasse por ele pelas ruas de Liverpool. Então, quando Ivan os apresentou, Paul pensou: "Ah, é aquele cara!".

"Mas que música é essa?", Paul ficou se perguntando. É "Come Go With Me", dos Dell-Vikings. Paul conhecia a música, mas não tinha o disco. Ele costumava ir até a loja Nems e, nas cabines, ouvir os compactos que eram lançados. John também não tinha o compacto e estava inventando a letra! "Genial!"

Com o fim da primeira parte da apresentação, Ivan levou Paul até a banda ali mesmo, no meio da feira. Ele os apresentou. John foi frio, pois o garoto tinha apenas 15 anos e com bochechas que o faziam parecer mais novo ainda. John já estava com quase 17. Era duzentos anos mais velho.

Em seguida, foram todos para um salão, descendo a rua. Era uma casa com três grandes janelas e lá tinha danças, valsas e outras apresentações. E foi lá que tudo aconteceu.

Todos os Quarrymen, mais Ivan e Paul, foram para um canto, e Paul pediu emprestada a Gallotone de John. Então, mostrou sua habilidade ao tocar a guitarra com as cordas invertidas, já que ele era canhoto. Ficaram todos impressionados quando ele tocou "Twenty Flight Rock" com as cordas invertidas. E ele sabia a letra!

Aí o menino se empolgou. Tocou músicas de Little Richard, imitou Elvis, tocou o piano que estava no salão e deu um show. John gostou de Paul e decidiu convidá-lo a se juntar à banda. "Era melhor ter esse garoto na banda. Ele é bom!"

Paul ficou feliz por ter impressionado o Teddy Boy e sua banda, apesar do bafo de cerveja que sentiu vindo de John. Houve um murmurinho de que uma gangue de Speke estava vindo para enfiar porrada em todo mundo. Então Paul pegou sua bicicleta e desceu voando a Church Road, ignorando dois vultos na entrada da igreja...

Um homem de batina se dirige a uma mulher abaixada catando arroz de um casamento que havia acontecido: "Levanta-te, Eleanor. Deixe esses grãos de arroz aí. Está feito. Eles se encontraram". A mulher responde: "Sim, Padre McKenzie. Seremos eternizados na música desses dois meninos!".

Fantasmas de Woolton, meus queridos. Fantasmas de Woolton...

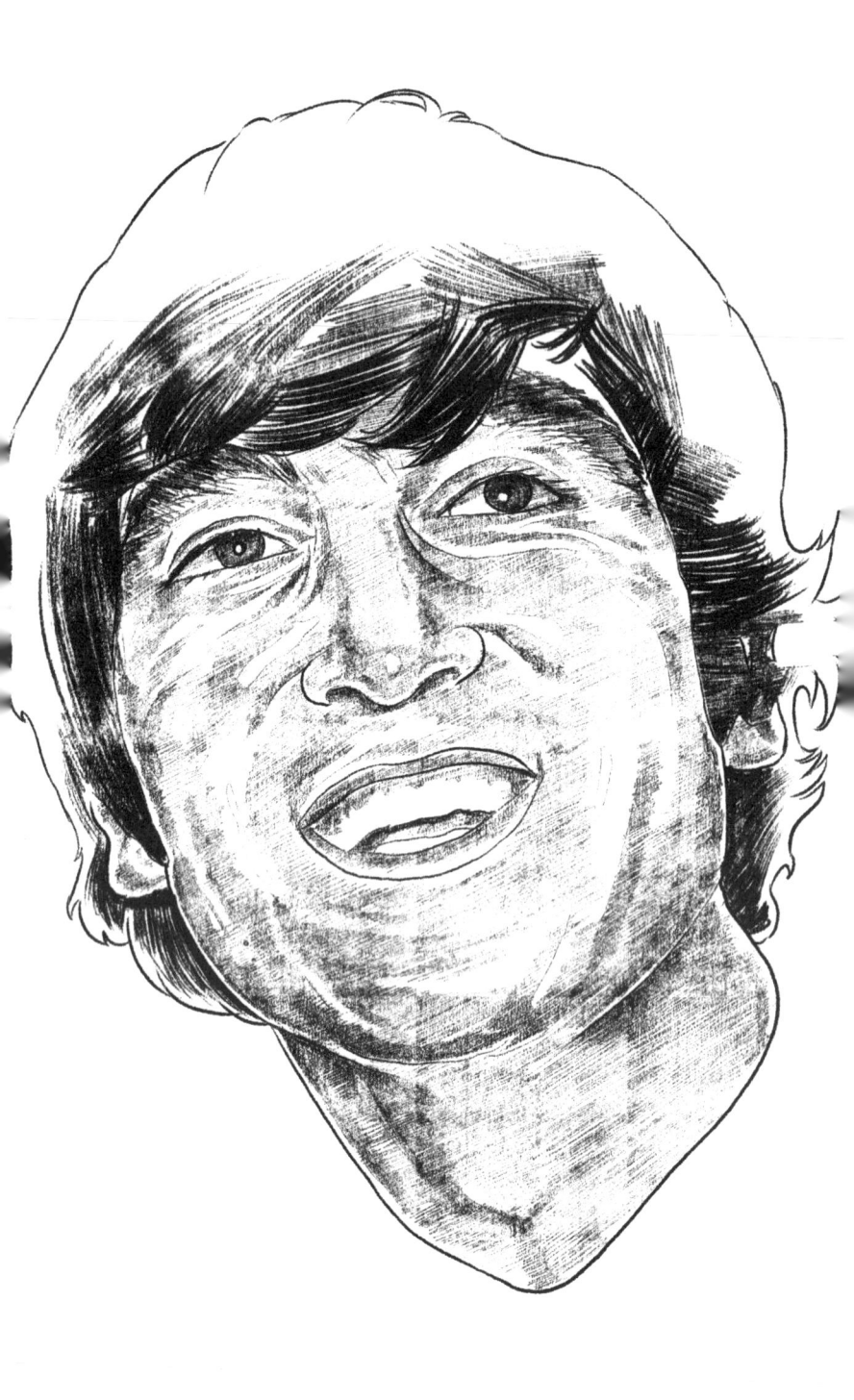

CASA DE JOHN LENNON

JOHN WINSTON LENNON NASCEU NO DIA 9 DE OUTUBRO DE 1940, no Liverpool Maternity Hospital, na Oxford Street. Seus pais eram Alfred Lennon e Julia Stanley. Quando os dois se casaram – para horror da família Stanley –, foram morar perto de Penny Lane, alugando a casa de número 9 na Newcastle Road. A casa ainda está lá, com seus tijolos vermelhos. John lembraria mais tarde: "O número 9 está comigo desde que nasci!". A casa é bem pequena, mas era normal para os padrões da época. Tem um canteirinho na frente, e no andar de cima há duas janelas. Dependendo da época do ano, o atual proprietário deixa flores crescerem ao redor das janelas e da calha.

Lá viveram por poucos anos com o pequeno John. Logo Alfred (Alf) Lennon partiria para mais uma aventura mar adentro durante a Segunda Guerra, deixando Julia para trás com o pequeno garoto. Tanto tempo fora fez com que achassem que ele tinha morrido, e o dinheiro não chegava mais. Julia se envolveu com outro homem e, quando finalmente Alfred retornou, ela estava grávida. A criança foi dada para adoção e Alfred partiu novamente. Finalmente ele retornou para ficar com Julia e John, mesmo com o orgulho ferido, e descobriu Julia morando com outro homem, Bobby Dykins. Então se separaram de vez. Alf descobriu que John estava morando com a tia Mimi, irmã de Julia. "Se o pequeno não pode morar com a mãe e seu novo companheiro, então ele ficará comigo!" Com esse pensamento, Alfred foi decidido ao encontro de Mimi em Mendips.

Em Woolton, na Menlove Avenue número 251, temos a famosa casa da tia Mimi. A avenida é larga e as calçadas têm pequenos quadrados com grama. A casa se chama Mendips – é comum colocar nomes em casas na Inglaterra. O nome veio de Mendip Hills, que é uma cadeia de pequenos morros em Somerset. Ter uma casa com nome dava uma certa classe para quem morava nessa área de Liverpool, onde viviam médicos e dentistas. A casa é cinza, de dois andares, e foi construída em 1933. Há um jardim na frente e uma entrada ampla. O portão é preto e a cerca é de madeira com arbustos. Logo no portão, o coração acelera. Pisque e verá o pequeno John te esperando encostado no portão. Impossível não o ver ali sorrindo. É como se ele viesse nos receber.

Não é uma casa qualquer. Ela é infinitamente melhor do que as casas dos McCartney, dos Harrison ou dos Starkey. Foi comprada por tio George Toogood Smith, marido de Mimi Stanley, que trabalhava com laticínios. Tia Mimi não gostava de pessoas sem modos. Era severa, elitista e culta. Quantas vezes Paul foi até lá passar a tarde com John... "Entre pelos fundos, Paul", ela diria.

Os meninos tinham permissão para tocar seus violões na pequena varanda na frente da casa, tirando proveito do bom eco proporcionado pelo cômodo. Tantas canções foram aprendidas e criadas ali!

Ao subir as escadas, podemos ir ao quarto de John. Lá podemos ver os cabos da extensão que seu tio George fez para que ele pudesse ouvir as músicas e programas de comédia em um pequeno alto-falante conectado ao rádio no andar de baixo. O quarto ao lado é o de Mimi. É fácil imaginá-la olhando pela janela e vendo o jovem George Harrison vestido como um Teddy Boy vindo visitar John. "John, seu amiguinho está aqui! Ele não é bem-vindo!", ela diria, chocada com o visual dele.

Há diversas fotos de John em vários locais na parte da frente da casa. Assim como fotos do quintal, onde tomavam sol em confortáveis cadeiras de madeira. Julia vinha visitar John, assim como várias tias e primos.

Então Alfred apareceu e levou John para Blackpool, logo depois da guerra. O que Mimi poderia fazer? Ele era pai do garoto! Quando Julia descobriu, partiu para buscar John. Foi lá que ele teve que se decidir. Ou partiria com o pai para a Nova Zelândia, ou voltaria com a mãe. Decidiu pelo pai. Porém, ao ver a mãe partindo, correu para seus braços e escolheu ficar com ela. John não veria seu pai novamente até 1965, quando a imprensa o descobriu lavando pratos em um restaurante em Londres.

Julia voltou com John para Liverpool e o pequeno achou que voltaria para morar com sua mãe. Mas ela o devolveu para Mimi. John passaria um bom tempo sem ver a mãe novamente. Mimi cuidou de John dali pra frente.

Tio George foi como um pai para John. Eles se adoravam. Quando John ia pra cama, só conseguia dormir depois que seu tio desse beijos explosivos e barulhentos em sua barriga. Um dia, tio George passou mal descendo as escadas. Morreu quando John tinha 14 anos, deixando-o sem essa adorável figura paterna. Tio George está enterrado no cemitério da Igreja de St. Peter, em Woolton. Perto de uma tal de Eleanor Rigby.

Quando se tornou adolescente, John descobriu por intermédio de seu primo que Julia não morava tão longe de Mendips. Passou a ir vê-la com frequência. Ela o adorava, e eles passavam a tarde juntos ouvindo música. Ela adorava Elvis. Então, ensinou a John alguns acordes de banjo e o garoto passou a praticar. Até que formou uma banda no colégio. Mimi não gostou nada daquilo. O menino já não era chegado a estudar e agora Julia fazia isso?

John poderia ter ido finalmente morar com a mãe. Mas ela estava com outro homem, Bobby Dykins, tinha duas filhas pequenas e o parceiro não gostava muito de John. Então ele entendeu a situação. Ela seria como uma irmã mais velha. Alguém a quem poderia recorrer de vez em quando e sair das garras de Mimi. Julia morava na Blomfield Road, número 1.

Um tempo depois, quando John tinha 16 anos, Julia foi visitá-lo, mas ele não estava. Tomou chá com Mimi, conversaram no portão e se despediram. Julia seguiu pela rua junto com Nigel Walley, que fora ver se John estava em casa. Ao atravessar a Menlove Avenue para ir ao ponto de ônibus, Julia foi atropelada por um policial fora de serviço. A avenida tinha uma cerca viva que separava as duas faixas, e o motorista não a viu. Mimi e Nigel ouviram a freada e o barulho. Correram para acudi-la. Chamaram uma ambulância e Mimi foi acompanhando sua irmã mais nova. Ela morreu a caminho do hospital. John estava esperando-a chegar, com as duas irmãs mais novas e o marido de Julia. Um policial foi até lá avisá-los. John perdera sua mãe pela segunda vez. Logo agora que tinham ficado tão próximos...

John a homenagearia diretamente em pelo menos três canções ao longo de sua carreira: "Julia", "My Mummy's Dead" e "Mother". Mas sentimos a presença dela em "In My Life" e sabe-se lá quantos "*she*" e "*her*" que permeiam suas canções.

Em 1962, John chegou com o compacto de "Love Me Do" para mostrar à sua tia. Ele estava muito empolgado e colocou o compacto no toca-discos dela. Apenas dois anos antes, ela havia dito a John a famosa frase: "Não há problema em tocar guitarra, John. Mas você nunca ganhará a vida com ela". E Mimi, ao ouvir o primeiro compacto dos Beatles, não ficou impressionada. Ela gostou bem mais de "My Bonnie", que eles gravaram com Sheridan em Hamburgo. "Espera ganhar a vida com isso?"

John amava sua tia. Era muito grato a ela. Mas, segundo ele próprio, sempre se ressentiu de ela nunca o ter visto como um gênio. Numa entrevista a Mike Douglas, em 1972, John lembrou: "Ela nunca acreditou na minha genialidade. Por isso um fã dos EUA mandou aquela frase sobre ganhar a vida com a guitarra numa placa para ela".

Ainda em 1962, Cynthia, a esposa de John, estava grávida. Ela morava na Garmoyle Road, num quartinho alugado. Ao contar a John sobre a gravidez, ele respondeu: "Bom, Cyn, a gente vai ter que casar". Assim, John avisou a Brian Epstein e teve que informar Mimi. Ela não gostou nem um pouco, pois 21 anos antes ela viu sua jovem irmã Julia fazer a mesma coisa com "aquele tal de Lennon" – no caso, Alf. Ninguém foi ao casamento de Julia e Alf. Agora, Mimi também não iria e não deixaria ninguém da família ir. Nenhum membro da família Stanley foi.

John e Cyn se casaram no cartório na Mount Pleasant, no dia 23 de agosto. Da família de Cyn, apenas seu irmão e sua cunhada compareceram. Do lado de John foram Brian, Paul (o padrinho) e George. Ringo não foi convidado, ele acabara de se juntar à banda e não tinham tanta intimidade. Uma britadeira do outro lado da rua abafou qualquer discurso ou votos. Depois, Brian os levou para um pequeno restaurante e, para não causar escândalo e os fãs não ficarem sabendo do casamento, Brian arrumou um apartamento na Falkner Street, número 36.

Como John passava muito tempo viajando por causa dos shows, Cyn ficou sozinha ali, numa rua demasiadamente perigosa e mal-iluminada. Um dia, dois homens tentaram forçar a porta, pois procuravam um outro cara que queriam pegar. Depois disso, temendo pela segurança de Cyn e do bebê, John decidiu pedir a Mimi para que Cyn morasse com ela. E então John e Cyn voltaram a Mendips.

Depois mudariam definitivamente para Londres em 1963, devido ao enorme sucesso da banda.

Por volta de 1965, Mimi vendeu a casa, pois John pagou o que ela ainda devia e comprou uma bem maior para sua tia morar na elegante península de Sandbanks, em Poole Harbour, Bournemouth. John foi a Mendips pela última vez com Cyn e Julian em 1965. Daí pra frente, ele visitaria sua tia na nova casa.

Quando John morreu, Mimi ficou horrorizada em saber que sua nova casa na verdade pertencia à Apple. Mimi morreu em 1991, e Yoko Ono colocou a casa à venda logo após o funeral.

Em 2002, Yoko comprou Mendips e a doou para o "National Trust" como patrimônio histórico, para evitar que a casa um dia fosse demolida e também para evitar especulações imobiliárias em cima do nome do marido. Assim ela foi preservada e virou um museu com móveis e eletrodomésticos dos anos 1940 e 1950.

CASA DE PAUL MCCARTNEY

JAMES PAUL MCCARTNEY NASCEU NO DIA 18 DE JUNHO DE 1942, no Walton Hospital. Seus pais eram James McCartney e Mary Patricia Mohin. Logo depois veio seu irmão Michael.

Forthlin Road número 20 é a mais famosa casa da família. Foi construída em 1949, em Allerton, e era propriedade do governo, então os McCartney conseguiram finalmente alugá-la em 1955, depois de terem morado em diversas outras bem menores ou em áreas não muito boas. É importante mencionar que Paul a chama de "uma de nossas casas" por isso. Na verdade, ele cresceu em Speke, e não em Allerton. Então vamos a todas elas:

Western Avenue, número 72, em Speke. É a primeira casa de que Paul tem lembranças. Segundo ele, quando tinha quatro anos, a rua ainda estava sendo aberta e as árvores sendo plantadas. Ele se lembra de uma noite em que nevava muito e alguém chamou sua mãe às três da manhã. Ela era parteira, então mudou de roupa, colocou seu uniforme e o chapéu azul-marinho, pegou sua bicicleta

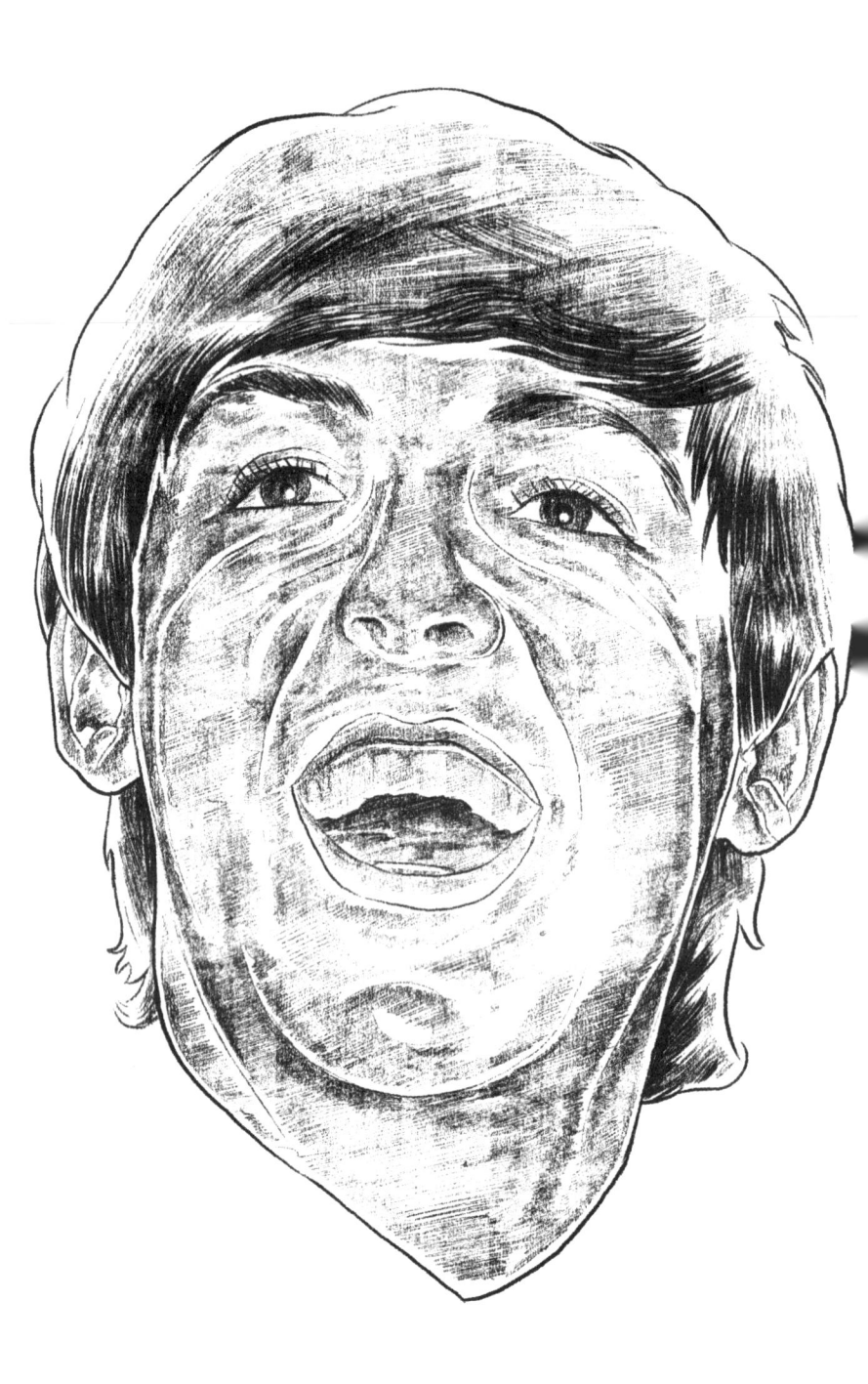

com uma cesta de vime pendurada e seguiu pela rua cheia de neve. Enxergando apenas com o pequeno farolete.

Ardwick Road, número 12, em Speke. Quando mudaram para lá, a casa ainda não estava pronta. Então, em volta dela tinha muita lama. Assim como a residência da Western Avenue, era uma típica casa daquela época. Dois andares. Quartos em cima e, embaixo, sala de estar, sala de jantar/cozinha e um pequeno quintal. Como tinham um aparelho de TV, foi ali que Paul assistiu à rainha Elizabeth II ser coroada.

Speke, que vem do inglês antigo "*spic*", quer dizer "toucinho", pois havia muitas criações de porcos naquela região. Era bem perto do aeroporto e do rio Mersey. Construíram muitas casas ali depois da guerra. A ideia era transferir as pessoas para o sul, mas muitos não gostaram de ir. Era o caso dos McCartney. No entanto, os meninos Paul e Mike gostavam, por ser uma área rural. Era só seguir pela rua e chegavam "no mato".

James havia sido um músico profissional na sua juventude, e nos anos 1950 vendia algodão. Ensinou muita coisa a Paul. Já Mary era uma disputada parteira e ganhava bem.

Com o tempo, foram pulando de casa em casa e melhorando de vida até chegar na famosa casa da Forthlin Road número 20, Allerton, em 1955. Infelizmente Mary não pôde aproveitar muito essa casa. Logo depois de mudarem para lá, ela começou a sentir dores no peito. Foi a alguns médicos, mas muitos acharam que ela estava estressada e a medicaram. Ela não melhorava nunca, então foi a um especialista. Como era enfermeira, desconfiava de que poderia ser algo mais grave. Por fim, descobriu que era um câncer e acabou falecendo no dia 31 de outubro de 1956, deixando seu marido, Jim, e seus dois filhos, Paul e Mike. Eles tiveram que aprender a se virar sem a mãe, mas receberam muito amor e ajuda de suas tias, as irmãs de seu pai.

Assim como a casa da tia Mimi, esta casa hoje é um museu, decorado com móveis e eletrodomésticos dos anos 1940 e 1950. A sala de estar foi o local onde John e Paul criaram "I Saw Her Standing There" e "She Loves You", dentre outras. Na época que os McCartney moravam lá, Mike e Paul puderam escolher o papel de parede e a sala tinha um jogo de sofás e uma televisão com o rádio embaixo. O quarto de Paul era acima da porta da rua, e o de Jim e Mary era em cima da sala de estar. Mike tinha seu quarto na parte de trás, em cima da cozinha. Havia um piano perto da lareira e eles também tinham um telefone.

Jim saía para o trabalho às seis da manhã e voltava às cinco da tarde, e nesse meio-tempo os garotos aprontavam. Quando Jim comprou um telefone, o aparelho logo virou o "brinquedo" predileto deles. John e George visitavam a casa e ficavam passando trotes e fumando cachimbo. Aproveitavam e escreviam novas canções.

O interessante é que Jim não gostava muito de John. "Aquele Lennon vai te criar problemas, filho." John acabou com os planos que ele tinha de criar o filho no mundo acadêmico ou de ter um emprego normal – ser um professor ou algo assim. Mas o destino tinha outros planos. Paul idolatrava John.

Convencer o velho Jim de que Hamburgo era uma baita oportunidade de ganhar dinheiro foi difícil. Houve muitas discussões acaloradas na pequena sala e na cozinha de Forthlin Road. Para poder viajar com os Beatles, Paul precisou da ajuda de seu irmão Mike para enrolar seu velho. Além de mentir para escapar das provas finais no Liverpool Institute. Jim lavou as mãos e Paul foi.

Uma imagem interessante é a de Jim abrindo a porta da frente e se deparando com um esqueleto cabeludo. Foi assim que ele encontrou Paul voltando de Hamburgo em 1960. Magro, morrendo de fome, duro e desiludido, mas cheio de novas experiências. Só que Jim não poderia saber delas. Paul tinha sido preso e expulso da Alemanha junto com Pete Best após colocar fogo numa camisinha em seu quarto no fedorento Bambi Kino. O que aconteceu em Hamburgo ficou em Hamburgo, pelo menos para os pais.

Graças ao seu irmão Mike, temos fotos de Paul na casa. A mais icônica mostra ele no jardim com seu violão Zenith. Por isso, ao visitar a casa, olhe pela janela da cozinha para o quintal e tente imaginá-lo sentado com um violão numa cadeira. Essa foto é a capa do disco *Chaos and Creation in the Backyard*.

Paul contou certa feita que, por diversas vezes, reunia suas filhas e filho e parava o carro em frente a essa casa em suas visitas a Liverpool. Contava sobre seu pai e sua mãe. Falava de John, de George e de seu irmão Mike. Recentemente, ele entrou na casa com um apresentador de um programa de TV.

Paul comprou uma nova residência para seu pai em 1964, numa área chique de Wirral. A casa, muito elegante e espaçosa, chamava-se "Rembrandt", localizada na Baskervyle Road, em Gayton. Foi ali que uma das maiores lendas da história da música surgiu. Paul comprou a casa para, além de investir seu dinheiro, tirar o pai da pequena casa do governo. Jim se casaria novamente e teria uma enteada. Vivia feliz lá e recebia seus filhos Mike e Paul nas festas, principalmente no Natal.

No Natal de 1965, Paul visitou a casa, onde estavam Mike e seu amigo Tara Browne. Paul havia comprado duas lambretas e convidou Tara para irem até a casa de Bette, prima de Paul, que morava a oito quilômetros dali, em Higher Bebington. No caminho, Paul teve a infeliz ideia de mostrar a seu amigo como estava linda a lua naquela noite. Ao apontar para o céu, Paul perdeu o equilíbrio e caiu da lambreta de cara no chão. Acabou com um dente quebrado e o lábio arrebentado, além de ter cortado o supercílio esquerdo. Quando chegaram na casa de Bette, Paul foi socorrido pelo médico da família, que estava bêbado.

O fato de o médico estar fedendo a gim e ter que fazer a sutura duas vezes ficou na cabeça de Paul. Ele usaria essa imagem em "Rocky Raccoon", em 1968. Mas a foto de Paul todo arrebentado chegou aos jornais. Custou para que seu dente quebrado fosse arrumado, mesmo com Brian Epstein implorando a ele para ir a um dentista. No vídeo de "Paperback Writer" conseguimos ver o dente quebrado ainda em 1966.

Tara morreria num acidente de carro nesse mesmo ano, e juntando a foto de Paul todo machucado e a menção ao acidente na música "A Day in the Life", algumas pessoas alimentaram a ridícula história que virou uma grande lenda: a de que Paul havia morrido num acidente, sendo substituído por um sósia. Billy Shears!

CASA DE GEORGE HARRISON

ARNOLD GROVE, NÚMERO 12, WAVERTREE. GEORGE NASCEU NO andar de cima dessa casa no dia 25 de fevereiro de 1943. Seus pais eram Harold Hargreaves Harrison e Louise French. Ao voltar para casa com a certidão de nascimento, Louise perguntou ao marido que nome ele havia escolhido. Afinal, já tinham uma menina e dois garotos. "Registrei como George. Se é bom para o rei da Inglaterra, é bom para meu filho!"

Era uma das famosas casas "dois cômodos em cima e dois embaixo". Pequena e vermelha. O fato de ser tão pequena e muito fria para um casal e quatro filhos fez com que eles se tornassem extremamente próximos. George contou certa vez que a sua lembrança mais antiga era de estar no alto da escada, sentado num penico e gritando: "Acabei!".

Ainda na infância, a família Harrison e seus quatro filhos se mudariam para o número 25 da Upton Green, em Speke. A casa estava situada em uma localidade que, para a época, era considerada um tanto violenta, e os Harrison não gostavam muito de lá.

Foi nessa casa que George aprendeu a tocar guitarra. Quando ganhou sua primeira, ele tentou aprender com amigos e com o irmão mais velho alguns acordes. Curioso, um dia decidiu desmontá-la para saber como era feita. Não conseguiu montá-la novamente e a jogou dentro do guarda-roupas. Lá ela ficou por muito tempo, até que seu irmão a consertou.

Há uma foto dele na frente dessa casa com sua guitarra. A mãe de George o apoiava, mas seu pai queria que o garoto arrumasse uma profissão. George tentou de tudo, mas sua paixão pela guitarra e por Carl Perkins fez com que o garoto logo se juntasse a outros dois rapazes. Sua casa também foi um local para ensaios dos Quarrymen e sua mãe servia sanduíches. George foi aceito por John na banda por intermédio de Paul. Uma noite, no segundo andar de um ônibus, George tocou "Raunchy" para os boquiabertos John, Paul e o restante dos Quarrymen. George estava dentro!

Houve uma apresentação dos Quarrymen, agora com John, Paul e George. Era o casamento do irmão mais velho de George, Harry, no Childwall Abbey Hotel. Há uma foto deles perto da janela, mas não há lembrança do que tocaram. A única coisa que todos lembram é de um John completamente bêbado virando um copo de cerveja na cabeça de uma convidada e dizendo: "Eu a batizo... David!". E todos caíram na risada.

Por volta de 1962, a família se mudaria para a Macket's Lane, número 174, bem perto de Woolton. Um local, segundo George, bem mais agradável. Lá os Harrison viveriam os primeiros anos da beatlemania. De todas as famílias, os pais de George eram os mais receptivos aos fãs.

Mais tarde, George comprou para seus pais uma confortável casa na Old Pewterspear Lane, Appleton. A casa era grande e tinha até nome: "Sevenoaks". Não era longe de Liverpool – ficava em Warrington. Foi para lá que George "fugiu" quando abandonou as sessões em Twickenham, em janeiro de 1969, durante o projeto *Get*

Back. No percurso de carro, George escreveu "Wah-Wah", que apareceria em seu álbum *All Things Must Pass*. Lá ele esfriou um pouco a cabeça e então voltou para Londres para terminar o projeto com os Beatles.

Sobre a sua primeira casa, George disse uma vez: "Anos depois eu sentei na frente dessa casa na Arnold Grove. Tente imaginar uma alma entrando no útero de uma mulher. Havia bombardeios dos alemães. Tudo isso acontecendo. Imaginando 1943, uma alma perambulando pelo mundo espiritual, voltando para um corpo. Isso é muito estranho quando você considera um planeta inteiro. Todos os planetas que existem no nível espiritual. Como eu fui parar naquela família, naquela casa, naquela época, *e quem sou eu, afinal*?".

CASA DE RINGO STARR

RICHARD STARKEY NASCEU EM CASA NO DIA 7 DE JULHO DE 1940. Seus pais eram Richard Starkey e Elsie Gleave, e a casa ficava na Madryn Street número 9, em Dingle. Ali era outra história. "O bairro perigoso de Liverpool", alguns ainda dizem. Mas é lá que estão as duas casas em que Ringo Starr morou e o pub que a família Starkey e vizinhos frequentavam: o Empress.

O local ficava na High Park Street, número 93, e foi imortalizado na capa do primeiro álbum solo de Ringo, *Sentimental Journey*, de 1970. O prédio fica entre duas ruas e tem dois andares acima do térreo. Ringo não estava na foto da capa do disco. Há uma foto sobreposta, muito provavelmente tirada do filme *The Magic Christian*. Mas ele frequentou muito o local. Nesse pub, sua mãe Elsie trabalhou como *barmaid*. Com o fim dos Beatles no horizonte, Ringo decidiu fazer uma homenagem à sua família e amigos de Dingle e gravou um disco com *oldies* dos anos 1930 e 1940 que seus familiares cantavam nesse pub, depois de beber todas.

Há duas casas que chamamos de "a casa do Ringo". A primeira, na Madryn Street, foi onde ele nasceu e passou os primeiros anos. Nessa rua também moravam seus avós paternos. O avô nasceu John Park, mas seu nome foi mudado para Starkey porque sua mãe, bisavó de Ringo, casou-se com um homem com esse sobrenome. Para evitar fofocas, colocou o nome do filho de John Starkey. Ringo diz não se lembrar dessa casa, mas se lembra da casa dos avós na mesma rua.

O pai de Ringo, Richard Starkey, abandonou a esposa Elsie e o pequeno filho com 3 anos, e eles raramente tiveram contato. Logo Elsie e Richy se mudaram para a Admiral Grove, número 10, e Elsie se casaria novamente. A nova casa era pertinho da Madryn Street. Ficava na rua à direita do pub Empress. A casa tem um "V" de vitória da Segunda Guerra bem acima da porta da rua. Hoje o "V" se transformou em duas baquetas, em homenagem ao famoso morador.

Ele foi uma criança muito doente e passou anos em hospitais. Foi estudar na escola St. Silas, em Dingle, logo ali na High Park Street, pertinho do pub. As crianças que moravam perto podiam ir para casa almoçar. Então tudo era ótimo. Um dia, Richy sentiu uma pontada terrível na barriga. Ele foi levado para o hospital pediátrico Royal Children's Infirmary, na Myrtle Street. O apêndice tinha rompido. Ele foi operado e os médicos disseram à pobre Elsie que seria muito difícil ele sobreviver. Ele foi desenganado. Coitada da Elsie... Sem marido e agora nessa situação. Mas o menino sobreviveu, e seu apelido passou a ser Lázaro. Os médicos estavam confiantes, só que um dia, ao mostrar um brinquedo para outro menino enfermo, ele caiu da cama e abriu os pontos. Passaria mais tempo no hospital. Um ano inteiro. Aprendeu a ler e escrever com muita dificuldade.

Quando estava com 13 anos, Richy foi diagnosticado com pleurisia, que é uma inflamação da membrana que reveste os pulmões. Mais uma vez, foi para o Royal Children's Infirmary. E passou dois anos se recuperando no Hospital Pediátrico Heswall, em Wirral.

No hospital ele teve aulas de música, e sua paixão era por aqueles tambores. Mais tarde, Harry Graves, seu padrasto, um dia o levou a Londres, e lá ele descobriu um parente que estava se desfazendo de um kit de bateria. Pronto! Harry comprou o kit para Richy, que o levou para Liverpool de trem. O pequeno Richy agora tinha que aprender. Não dava pra tocar no seu quarto na Admiral Grove sem perturbar o bairro todo, então ele deveria entrar numa banda para poder praticar.

Ele se juntou ao Eddie Clayton Skiffle Group, e seu primeiro show com eles foi no Labour Club, na Peel Street, em 1957. Depois, acabou entrando na banda "The Texans", do cantor Alan Caldwell. Além de ter ficado noivo e comprado um carro.

A primeira casa na Madryn Street quase foi demolida há alguns anos. Os fãs do mundo todo fizeram petições pedindo à prefeitura de Liverpool para salvar a casa. Conseguiram. Madryn Street foi toda reformulada e a casa onde Ringo nasceu continua lá.

Uma vez Ringo contou que estava visitando seus parentes em Dingle, como fizera centenas de vezes. Sua tia serviu uma xícara de chá e sem querer entornou. Ela correu para a cozinha, dizendo: "Ele não pode tomar isso!". Ringo comentou: "Foi nesse momento que eu vi que tinha ficado famoso e as coisas estavam mudando".

Com o tempo, Ringo teve que convencer sua mãe e seu padrasto a irem para uma casa melhor, em Gateacre.

Em 2016, um fã dos Beatles comprou as casas de Ringo, de George e a da mãe de John, Julia.

STUART SUTCLIFFE

STUART, CARINHOSAMENTE CHAMADO DE STU, NASCEU NO DIA 23 de junho de 1940, em Edimburgo, na Escócia. Seus pais eram Martha (Millie) e Charlie Sutcliffe. Eles se mudaram para Liverpool durante a guerra, em 1943. Stu foi criado bem pertinho da entrada leste do Sefton Park, na Aigburth Drive, número 37. Ele estudou na Park View Primary School e depois na Prescot Grammar School.

Stu passou a estudar no Liverpool College of Art e foi apresentado a John por Bill Harry. John e Stu se tornaram muito próximos. Logo John teria uma ideia...

GAMBIER TERRACE

NO NÚMERO 3 DA GAMBIER TERRACE, QUE ERA UM CONJUNTO de prédios do século XIX onde estudavam alunos do curso de Artes da Liverpool Art High School, moraram Stuart Sutcliffe e John Lennon, num apartamento alugado. Foi nesse apartamento que Stu e John inventaram o nome "Beatals". Stu veio com o nome, mas John logo o mudou para Beetles por causa da banda de apoio de Buddy Holly, chamada The Crickets. Depois colocou "Beat" e ficou Beatles. Stu gostava da primeira forma, mas Paul e George concordaram com John.

O aluguel era dividido entre os dois Beatles e alguns artistas amigos de Stu. John sempre tinha dificuldade de pagar sua parte. Mas foi lá que ele encontrou a privacidade que não tinha em Mendips para passar tempo com sua namorada, Cynthia Powell. Há uma foto de John e os colegas da Faculdade de Artes bem no portão da frente. George morou lá por um tempo e Paul sempre passava os finais de semana. Depois foram expulsos, mais ou menos na época em que partiram todos para Hamburgo.

CLUBES

O CASBAH DE MONA BEST

EM AGOSTO DE 1959, GEORGE PASSOU A TOCAR COM OS Les Stewart Quartet quando não estava com os Quarrymen, e eles receberam um convite de uma mulher, Mona Best, para tocar em seu novo estabelecimento.

Era o Casbah, feito no porão de sua casa, na Hayman's Green número 8, em West Derby. Mona uma vez apostou uma grana numa corrida de cavalos. Ganhou e comprou essa bela casa. Tinha dois filhos e achou interessante montar um pequeno clube no porão, para ter outros jovens frequentando a casa. Para evitar clientes indesejados praticamente dentro da residência, eram vendidos apenas refrigerantes, bolos e café.

Stewart, líder do quarteto, acabou por ter uma discussão com Ken Brown, que era amigo de George e também estava na banda, e desistiu de fazer o show de inauguração do Casbah. George então disse à senhora Best que arrumaria uma forma de compensá-la. Traria dois amigos para tocar com ele e Ken. Assim, John, Paul, George e Ken tocaram pela primeira vez no Casbah, da família Best, e uns 300 ingressos já tinham sido vendidos. Todos os Quarrymen, incluindo a namorada de John, Cynthia Powell, ajudaram na decoração do lugar. Fizeram pinturas nas paredes que estão lá até hoje.

Pete, filho mais velho de Mona, nasceu quando ela estava em Madras, na Índia, no dia 24 de novembro de 1941. O pai dele, Donald Peter Scanland, era engenheiro marítimo e morreu logo em seguida, durante a Segunda Guerra. Mona, que havia nascido em Delhi por seu pai ser um militar britânico, acabou conhecendo outro homem, Johnny Best, que era um promotor de esportes em Liverpool. Assim,

os dois se mudaram para a velha Liverpool com Pete. Tiveram mais um filho, John Rory Best, e Pete adotou o mesmo sobrenome.

No Casbah, Pete Best se interessou pela música, então Mona comprou um kit de bateria para ele aprender a tocar. Mas não com os Quarrymen. Um dia Ken Brown não se sentiu bem e Mona Best o mandou descansar no andar de cima, enquanto os outros três Quarrymen tocavam. Quando Mona foi pagar o acordado, eles queriam receber a parte de Brown, já que ele não tinha tocado. Mona bateu pé e disse que o rapaz tinha que receber também. Isso acabou numa grande confusão, até que os Quarrymen disseram que não tocariam mais lá.

Mas afinal continuaram amigos, e quando os Quarrymen viraram os Beatles e precisaram de um baterista para ir a Hamburgo, o filho de Mona Best, Pete, foi com eles.

Dizem que foi numa das mesas do Casbah que John, Paul e George persuadiram Stuart Sutcliffe a comprar um contrabaixo e se juntar aos Beatles.

Assim, com John, Paul, George, Stu e Pete, eles seriam os Beatles e iriam para Hamburgo em 1960. Além disso, os Beatles tocaram no Casbah diversas vezes entre 1959 e 1962. Por tudo isso, podemos afirmar que o Casbah é um dos lugares históricos mais importantes de Liverpool.

Com a saída de Pete da banda, em agosto de 1962, os Beatles nunca mais voltaram lá. Pete, magoado, ainda tinha contrato com Brian Epstein. O empresário tentou colocá-lo em outras bandas, mas Pete foi aos poucos se desiludindo. Teve apoio de sua mãe pelo resto da vida dela. Amorosa com o filho, lutou para protegê-lo da agonia de ver os antigos parceiros dominarem o mundo.

JACARANDA E BLUE ANGEL

ALLAN WILLIAMS ENTROU PARA A HISTÓRIA APENAS COMO "o empresário que perdeu os Beatles". Há um pouco de exagero nisso. De fato, Williams é um dos personagens mais importantes para a cena cultural de Liverpool.

Foi Wiliams que, por ter contatos em Londres com pessoas como Larry Parnes, conseguiu vários lugares para os Beatles tocarem numa época em que ninguém os queria.

Um dia, John e Stu foram até o Jacaranda, um clube que pertencia a Williams na Slater Street, e perguntaram se ele poderia ajudá-los. Eles tinham uma banda e estavam esperando uma boa oportunidade. Larry Parnes solicitou a Williams que fizesse uma audição com diversas bandas, para acompanhar uma miniturnê com Billy Fury. Para que os rapazes tivessem uma chance, Williams sugeriu: "Arrumem um baterista!".

Eles conseguiram um cara mais velho chamado Tommy Moore, que trabalhava numa fábrica de garrafas em Bootle e concordou em ir até a audição. Ensaiaram alguns números e foram uma das várias bandas a chegar no finalzinho da Steel Street, onde Williams tinha outro clube, o Blue Angel.

Larry Parnes, Billy Fury e Allan Williams sentaram lá e assistiram a diversas bandas. Até Rory Storm and the Hurricanes (com seu baterista narigudo e cheio de anéis) estavam lá. Mas só para assistir, pois já tinham assumido compromisso em outros lugares. Quando chegou a hora dos Silver Beetles, Tommy (o baterista) não apareceu. Com pena deles, Williams conseguiu convencer Johnny Hutchinson, o baterista dos Cassanovas, a assumir as baquetas. Mesmo não gostando dos Silver Beetles, ele se preparou para tocar. Mas Tommy chegou no último minuto e então fizeram a apresentação. Ninguém gostou. Não passaram.

Larry Parnes tinha um monte de jovens cantores, e apareceu a oportunidade de um deles, Johnny Gentle, ir tocar na Escócia. Na procura por uma banda de apoio, Parnes recorreu desesperadamente a Williams. Foi aí que ele arranjou para os Beatles (na época, John, Paul, George e Stu) a oportunidade de acompanhar o rapaz pela Escócia. Quando voltaram, Williams arranjou para que eles tocassem no Jacaranda.

Em 10 de maio de 1960, os rapazes mudaram o nome do grupo. Eram Long John and the Silver Beetles/Beatles. Paul passou a ser Paul Ramon, para ficar com um ar latino e assim conquistar mais garotas escocesas, George era Carl Harrison (em homenagem a seu ídolo Carl Perkins) e Stuart virou Stuart De Stael, que era um de seus pintores prediletos. Tommy continuou com seu nome e, dizem, John passou a ser Johnny Lennon. Porque Long John era ridículo.

Os Silver Beatles – como também era grafado – frequentavam socialmente o Jacaranda, mas também tocavam lá quando o grupo da casa, a Royal Caribbean Steel Band, tinha uma folga. Williams, através de seus contatos em Londres, recebeu um pedido de Bruno Koschmider, que tinha alguns clubes em Hamburgo e estava doido atrás de mais grupos ingleses para tocar em seus estabelecimentos. Foi assim que Williams conseguiu que os meninos fossem tocar em Hamburgo, na Alemanha! Seriam internacionais! Mas precisavam arranjar um baterista. Tommy Moore caiu fora, porque sua esposa o fez escolher: ou a banda, ou ela e o emprego fazendo garrafas em Bootle. Ele escolheu a esposa e continuou trabalhando na fábrica de garrafas. Trocou os Beatles por Bootle.

Então os Beatles foram atrás daquele rapaz quieto, filho da dona do Casbah: Pete Best se juntou aos meninos e todos iriam para Hamburgo. O ponto de encontro era na frente do Jacaranda. Foram os cinco Beatles, Williams e sua esposa Beryl, seu cunhado e o amigo e parceiro Lord Woodbine. Williams foi de Liverpool a Hamburgo em sua velha van. Uma viagem difícil, mas inesquecível.

Os Beatles foram ingratos com Williams, pois mais tarde se negaram a dar a porcentagem que cabia a ele por todo esse esforço, que era de uns 10% dos ganhos. Apenas Stu pagou sua parte em 1961. Ele ameaçou acionar os meninos na justiça e eles foram banidos do Jacaranda.

Quando Brian Epstein se tornou o empresário deles, no fim de 1961, procurou resolver o problema. Williams e Brian conversaram dentro do Jacaranda. "Acho que os rapazes não vão mais falar comigo!" Brian então respondeu: "Bom, eles estão ali fora na calçada, doidos para entrar!". Assim, ficaram amigos novamente, e Williams chegou até a aparecer no documentário *Get Back* em janeiro de 1969, no prédio em Savile Row, Londres.

Foram Allan Williams e sua esposa Beryl que acomodaram Astrid quando ela compareceu ao enterro de Stuart, que morrera em Hamburgo, em abril de 1962. O corpo foi levado de Hamburgo para o sepultamento em Liverpool. A mãe de Stuart não gostava de Astrid, culpando-a pela situação. Além disso, havia o ressentimento por tudo que fosse alemão, em razão da recente guerra mundial. Após discussões na casa dos Sutcliffe, Williams resgatou Astrid e a levou para sua casa.

Allan Williams foi uma das poucas pessoas presentes no enterro de Stu sem ser da família. Estavam lá os pais de George, Cynthia, Klaus e o casal Williams. Stuart o adorava.

O Jacaranda ainda existe, com sua fachada escura na Slater Street. Allan Williams escreveu o livro *The man who gave the Beatles away*. Morreu em 2016, em Liverpool.

ESCOLAS E FACULDADES

ESCOLAS PRIMÁRIAS

ENQUANTO ALF LENNON RODAVA O MUNDO, JULIA COLOCOU John numa escolinha chamada Mosspits Lane Infants School, em Wavertree, em novembro de 1945. Era bem pertinho da casa deles na Newcastle Road.

Já a Dovedale Primary School é famosa por ter sido a escola primária de John Lennon e de seu amigo Pete Shotton, além de George Harrison. Tia Mimi matriculou John lá assim que passou a ser sua guardiã, em 1946. Ela fica na Herondale Road.

No caso de George, sua irmã e seu irmão mais velho estudaram em escolas católicas. Louise Harrison decidiu que os mais novos estudariam em escolas ligadas à Igreja da Inglaterra, como chamavam na época. Então Peter e George foram para Dovedale. George e John não se conheceram lá, pois tinham uma boa diferença de idade. Mais tarde, compartilharam as lembranças de terem tido os mesmos professores.

Por volta de 2001, a viúva de John, Yoko Ono, doou 25 mil libras para ajudar em algumas reformas na escola.

Já Paul e seu irmão Mike estudaram na Stockton Wood Primary, em Speke, logo que os McCartney mudaram para o bairro. A escola foi feita para acomodar mil crianças, mas foram tantos os nascidos após a guerra que logo esse número foi superado. Assim, eles foram para a Joseph Williams School.

A primeira escola em que Ringo estudou foi a St. Silas, pertinho de sua casa na High Park Street, em Dingle. Depois, estudou na Dingle Vale Secondary School. Ele contava que, quando chegou no pátio, pensou que era o maior lugar que já tinha visto na vida. Estudou lá até ficar doente. Mais tarde, passou a ter aulas particulares com uma moça na Madryn Street.

QUARRY BANK

A INTENÇÃO DA TIA MIMI ERA COLOCAR JOHN NO LIVERPOOL Institute, mas o irmão do tio George era professor na Quarry Bank High School, na Harthill Road, então foi lá que ela matriculou o sobrinho em 1952. O que mais agradou John era que seu melhor amigo, Pete Shotton, também iria estudar lá. Assim firmou-se uma amizade que duraria a vida toda.

Quarry Bank foi aberta em 1922. Ela tinha uma ótima reputação e era conhecida como um trampolim para Oxford e Cambridge. Mais tarde, John, influenciado pelo skiffle, montaria sua primeira banda com o amigo Shotton e outros estudantes: Colin Hanton, Eric Griffiths, Rod Davis e Len Garry.

John criou o nome da banda a partir de um verso do hino da escola: "*Quarry men, old before our birth*". Assim formaram os Quarrymen.

Ao longo dos anos, vários integrantes participaram da banda, como Duff Lowe, Nigel Walley e Ken Brown. Depois entraram outros dois rapazes: um se chamava Paul e, por intermédio dele, George, o mais novo. John trouxe Paul, que trouxe George, que um dia traria Ringo. Essa sequência era muito importante na hierarquia do que seriam os Beatles.

Em 1985, a Quarry Bank High School se juntou à Aigburth Vale High School e mudou de nome para Calderstones School.

Na década de 1970, já morando nos Estados Unidos, John pediu para a tia Mimi mandar para ele várias coisas que remetiam à sua infância. Uma delas – e uma das que ele mais queria – era a gravata que usava no uniforme da Quarry Bank High School. Ele chegou a ser fotografado usando-a no alto dos seus 39 anos, evidenciando ainda mais a saudade que ele tinha da Inglaterra e de Liverpool.

John planejava ir até lá em 1981 para mostrar a seu filho os lugares de sua infância. Mas, infelizmente, não deu tempo.

LIVERPOOL INSTITUTE E FACULDADE DE ARTES

O LIVERPOOL INSTITUTE ERA UM COLÉGIO QUE TINHA ALUNOS entre 11 e 18 anos e foi onde Paul e George estudaram.

Havia uma prova no sistema de ensino inglês que se chamava *Eleven Plus*. Se você passasse, poderia ir para bons colégios e ter uma profissão. Se falhasse…

Paul passou e, segundo ele próprio, não desgostava do Institute. Seu pai, Jim, fez de tudo para que Paul tivesse o mínimo de educação formal, já que, após a morte de sua mãe, em 1956, Paul perdeu o interesse pelo estudo. No fim ele acabou concluindo o Ensino Médio e poderia até ter se tornado professor. Mas a essa altura tinha planos de seguir para Hamburgo com "aquele Lennon" e o amigo George.

George também passou no exame e ingressou no Liverpool Institute. Mas falhou miseravelmente nos anos finais, para tristeza de seu pai, Harry, e não terminou o Ensino Médio. George passava suas horas no colégio apenas desenhando guitarras nos cadernos. Falhou nos testes finais e nem se deu o trabalho de se formar. Também tinha outros interesses com uma certa banda e uma certa viagem a Hamburgo.

Em Speke, os dois se viam dentro do mesmo ônibus, indo para o Institute – um vindo de Upton Green, e o outro de Ardwick Road. Usavam o mesmo uniforme, ficaram amigos e passaram muito tempo juntos.

A Faculdade de Artes teve sua origem como parte do Liverpool Institute. Lá estudaram John Lennon e Stuart Sutcliffe. O último se juntaria aos Beatles e deixaria a faculdade por um tempo – era talentoso demais e poderia voltar. Já John… foi um horror!

Sua tia Mimi fez de tudo para que ele tivesse um diploma, e ele falhou nas provas propositalmente, pois era muito inteligente. Depois que John foi para Hamburgo, assim como Paul e George, nunca mais estudou na vida. Salvo algumas aulas de japonês em 1977.

No final da década de 1970, numa turnê dos Wings que passava por Liverpool, Paul visitou o Liverpool Institute. Infelizmente, o colégio fechou em 1985.

Alguns anos depois, Paul decidiu ajudar. Reuniu George Martin e outros, e juntos fizeram o LIPA (Liverpool Institute for Performing Arts) em 1996. O prédio foi reconstruído em partes e a fachada foi mantida. Praticamente toda vez que Paul vai a Liverpool, ele visita o local.

Do lado de fora, na Hope Street, à esquerda de quem vê a fachada do Institute, há uma linda escultura com malas e cases de guitarras, que parecem ter sido abandonadas numa estação de trem. Elas simbolizam quem passou pelo Institute ao longo dos anos. Estão lá Malcolm Sargent, Charles Dickens e outros escritores e poetas. Mas há também os nomes de John, Paul, George, Stuart e até Yoko Ono.

TRABALHANDO COMO UM CACHORRO

NEM SEMPRE O DINHEIRINHO QUE RECEBIAM BERRANDO rock'n'roll nos palcos de Liverpool era suficiente para ajudar em casa, comprar instrumentos e até comprar roupas. Os quatro tiveram alguns empregos nos quais não recebiam aplausos das garotas, mas que renderam boas histórias.

Richard Starkey, antes de ser Ringo, passou anos em hospitais se recuperando. Quando fez 15 anos, viu o famoso Johnny Ray na sacada do quarto no elegante Hotel Adelphi, jogando fotos autografadas para diversas moças que gritavam por ele. Richy então o seguiu até um restaurante chinês chamado Golden Dragon. Lá, espiando pela janela, viu Johnny Ray numa mesa comendo naturalmente seu jantar. Aquilo impressionou o jovem garoto de Dingle. "Ele está comendo como uma pessoa normal!"

Richy amava seus tambores, que havia aprendido a bater numa das várias aulas de música que recebeu nas clínicas durante sua convalescença. Mas precisava de um terno e de dinheiro. Assim, foi até o

Escritório de Empregos Juvenis de Liverpool e conseguiu o emprego de Mensageiro da British Railways. Ele estava doido para usufruir do terno para trabalhar e passear elegantemente por Dingle. Mas só deram a ele um quepe. Foi uma tremenda decepção.

Arranjou um emprego de garçom no *St. Duno*, um navio a vapor que passava pelas docas cheio de passageiros que iam até o norte do País de Gales. Ou seja, logo ali. Richy tinha que servir as mesas. Adorava chegar nas docas e ir a um pub. Falava para as garotas: "Estou na Marinha!". Quando a garota perguntava "Uau, e quando você chegou a Liverpool?", ele respondia: "Acabei de chegar!". "E quando partirá?" Ele olhava para a garota e dizia: "Daqui a pouco!" A garota sorria e ele a ganhava.

Um dia, bebeu demais num pub, voltou pro navio e brigou com seu supervisor. Perdeu o emprego. Perdeu a gracinha com as garotas.

O padrasto de Richy arranjou para que ele fosse aprendiz de marceneiro na Henry Hunt & Son, na Windsor Street. Mas aí apareceu a nova onda em Liverpool que mudou tudo. O skiffle surgiu e com ele várias bandas. Assim, Richy se juntou a alguns amigos no Eddie Clayton Skiffle Group e se tornou um baterista.

George Harrison ganhou de seu pai uma caixa de ferramentas no Natal de 1959. Era um sinal de que tocar com os Quarrymen era legal, mas ele precisava arrumar um emprego. Os irmãos trabalhavam, e George não podia ficar em casa fazendo nada, sem levar a sério as aulas no Institute. Então, lá foi George para o Escritório de Empregos Juvenis de Liverpool. Ele se registrou e lhe ofereceram um emprego de decorador de vitrines na Blackler's, que era uma loja de departamentos na Great Charlotte Street. Mas o emprego já tinha dono, e lá mesmo apareceu a oportunidade de ser aprendiz de eletricista. Seu pai adorou. Ele estudaria por cinco anos, e em 1964 estaria licenciado como eletricista. John ficou horrorizado. "Eletricista, George? Sério?" Logo que ele recebeu o primeiro pagamento, correu com Paul para a loja de instrumentos Hessy's. Lá ele deu entrada no parcelamento da sua guitarra Futurama. Não era uma Fender, como a de Buddy Holly, mas dava pro gasto.

Paul teve vários empregos. Os pais de George e a tia de John não pressionavam tanto para que eles trabalhassem. Mas Jim McCartney precisava da ajuda dos filhos. Desde a morte de Mary, a vida deles era bem espartana. Então, tendo consciência de que deveria ajudar o pai, Paul arrumou um emprego nos correios de Liverpool no final de 1959. De qualquer modo, nada estava acontecendo para os rapazes como grupo, e as aparições dos Quarrymen eram muito esparsas.

Mas 1960 começou bem para eles. Foram até a Escócia acompanhando o cantor Johnny Gentle e passaram bons meses em Hamburgo. Paul conseguiu comprar sua guitarra Rosetti Solid 7, com muita dificuldade. Comprou a mais barata possível para ir com os meninos, já como Beatles, para Hamburgo. Convenceu seu pai de que ganharia muito dinheiro. Enfim, voltou magro como um esqueleto, sem dinheiro e deportado da Alemanha. Além de ter sido preso. Não dava pra ficar em casa.

Apesar de terminar os estudos no Institute, não tinha vocação para nada. Conseguiu um emprego na Sefton Street 51 como entregador de encomendas da Speedy Prompt Deliveries. Paul ia no caminhão com o motorista. Eles paravam em um endereço, Paul pegava a encomenda e entregava rápido, enquanto o motor estava ligado, para não perder tempo. Assim passeava por Liverpool. Arranjou mais tarde praticamente o mesmo emprego na loja de departamentos Lewis. Ele contaria sobre isso muitos e muitos anos depois na música "On My Way to Work", do álbum *New*, de 2013.

Em 1961, Paul arranjou um emprego melhor. Mas era duro. Ele tinha que pegar um ônibus, descer em Penny Lane, pegar outro ônibus e andar mais um pouco para chegar na Bridge Road Factory, que pertencia à Mossey & Coggins Ltd. Paul passou na entrevista de emprego com o diretor, Jim Gilvey, e estudaria para ser um eletricista, assim como George. Só que George desistiu definitivamente da empreitada. Paul se tornaria um eletricista assim que acabasse o treinamento, em 1966. Ele precisava usar um jaleco azul, e até gostava. Logo se enturmou, jogava futebol com os colegas, bebia nos pubs com eles, até que eles começaram a implicar com seus cabelos. Nesse dia, Paul contou aos colegas que tinha um outro emprego. "Sou guitarrista e cantor numa banda!" Foi o que precisavam para apelidar o jovem Paul de "Mantovani"!

Seu chefe, o sr. Gilvey, era um homem muito educado e gostava de Paul. Mas entrou na brincadeira de chamá-lo pelo apelido. "Mantovani, faça isso! Mantovani, faça aquilo!" Isso foi irritando o Mantov... digo... Paul, e as coisas estavam para piorar.

John não suportava a ideia de Paul estar trabalhando e ainda por cima ganhando um dinheirinho. Ele precisou voltar a morar com a tia Mimi, pois o apartamento em que ele morava com Stu (que pagava o aluguel, pois John nunca tinha dinheiro) não estava mais disponível por falta de pagamento, e o proprietário não queria nem ver sua sombra. Ainda por cima, John decidiu que jamais teria um "emprego normal". Iria ganhar a vida como músico.

Conseguiu arranjar para que os Beatles fizessem shows no horário do almoço no Cavern. O dinheiro era bom, mas tinha um problema: como fazer shows no Cavern só com George e Pete? Stu tinha ficado na Alemanha com Astrid. Era preciso que Paul tocasse. Mas Paul avisou que não dava, não poderia largar o emprego. Seu pai não o perdoaria dessa vez. John o pressionou: "Ou você aparece no Cavern amanhã na hora do almoço, ou você não estará mais no grupo!".

John comentou mais tarde: "Ele tinha que tomar uma decisão entre mim e seu pai. No fim, ele me escolheu!". Paul chegou na Mossey & Coggins, agradeceu o sr. Gilvey pela oportunidade, entregou o jaleco azul e assim foi o fim de Mantovani. Agora ele era um Beatle. Jim McCartney ficaria decepcionado com o filho. Provavelmente pegou seu cachimbo, abriu o *Liverpool Echo* e deixou sair com a primeira baforada: "Aquele Lennon!".

E John? John trabalhou por um tempo no Aeroporto de Liverpool, perto de Speke. Ele trabalhava fazendo sanduíches. Odiava aquilo. Começou a insistir com Mimi para que ela o ajudasse na primeira parcela de uma guitarra igual à de George, pois ficava maravilhado toda vez que ele a tocava. "Preciso de uma igual a essa!" Era uma Hofner Club Forty. Mimi até concordou, mas ele precisava provar que teria como pagar as prestações. Pelo menos as primeiras. Assim, ela o ajudaria a pagar as parcelas finais.

John tinha um amigo, Tony Carricker, cujo pai era mestre de obras. A cerca de 20 milhas de Liverpool, estavam construindo dutos de água e eram necessários mais homens para abrir os buracos. Tony arrumou para que ele e John trabalhassem como "faz-tudo". Tinham que pegar em picaretas e abrir o chão na marra. Pior de tudo, era um verão bem quente naquele ano de 1959. John tinha que acordar às cinco horas da manhã e pegar o trem até Ormskirk ou Bescar Lane. De lá, um caminhão os buscaria até chegarem no local de trabalho.

Suas mãos de artista sofreram com bolhas que sangravam ao bater as picaretas no chão duro. Eles carregavam canos, tijolos, era praticamente um serviço de pedreiro, para o qual era preciso ser bem mais forte e resistente do que o magro garoto de Woolton. Mas compensava, eram cinco libras por semana. A Club Forty estava logo ali! Mas John desistiu, não aguentava mais. Chegou a dizer que rezava quieto no trem todos os dias de manhã: "Deus, tomara que o trem saia dos trilhos e eu morra!". John de fato não aguentava mais.

Mas Mimi ficou impressionada. Foi até a Hessy's com seu sobrinho e ele voltou para casa no ônibus todo feliz com a nova guitarra. Mimi o amava. Fez tudo o que uma mãe faria. Mostrou a John como as coisas não caem do céu, e o valor do trabalho honesto.

Para os quatro rapazes, arranjar um emprego evitaria que tivessem que servir o exército. Mas logo a lei mudaria, e nenhum deles precisou cumprir os dois anos. Isso foi vital para o futuro deles como músicos. De certa forma, todos os quatro, e também Pete e Stu, tiveram famílias que permitiram que pudessem tentar a carreira de músicos. Muitos de seus colegas não receberam esse tipo de leniência e paciência. Mimi brigou muito, mas deixou John fazer o que quisesse. Louise Harrison paparicava George sempre que possível. O mesmo se dava com Harry e Elsie em relação a Ringo – a ele foi permitida essa liberdade. Já Jim McCartney tentou que seu filho estudasse e trabalhasse, e Paul fez o possível.

De todas essas histórias, fico com a imagem de John Lennon reclamando com uma picareta na mão... Nem as mais loucas gravações em "Revolution 9" conseguem me deixar tão chocado.

PHILLIPS

EM MEADOS DE 1958, JOHN TEVE UMA IDEIA: "VAMOS GRAVAR
um disco!". Então procuraram e descobriram talvez o único estúdio
de gravação em Liverpool na época. Percy Phillips morava numa
casa na Kensington Street, número 38. O estúdio ficava na sua sala
de estar e ele gravava e depois prensava num acetato.

Os Quarrymen na época eram John, Paul, George, Colin Hanton (baterista e único sobrevivente da formação original de 1957) e o pianista Duff Lowe. Eles juntaram o dinheiro e gravaram duas músicas: "That'll Be the Day", de Buddy Holly, e uma composição própria, "In Spite of All the Danger", creditada a "McCartney/Harrison". John cantou as duas pelo simples motivo de *ele* ser o líder.

O acetato ia passando de mão em mão semanalmente, como um troféu. Paul sempre conta em shows que o disquinho ficou uma semana com John, uma semana com ele, uma semana com George, uma semana com Colin e 30 anos com Duff. Até que ele devolveu o acetato a Paul (por uma boa quantia de dinheiro!). É considerado o disco mais raro do mundo.

A CASA DA FAMÍLIA CALDWELL

SERIA UM PECADO NÃO MENCIONAR A CASA E A FAMÍLIA Caldwell. O primeiro amor de George Harrison, aos 15 anos, foi Iris Caldwell, e um dia ele foi convidado para ir à Broad Green Road número 54. Lá ele conheceu a família, inclusive a matriarca Vi Caldwell. Ela era adorável e George não sabia se gostava mais da namorada ou da mãe dela. Ele ia visitá-la duas, até três vezes por semana, e juntos assistiam à TV. Lá ele também conheceu o irmão mais velho de Iris, Alan.

Ele gaguejava um pouco, mas gostava de música e era cheio de amigos que tocavam guitarra. George, querendo impressionar, mostrou seu talento no instrumento. Eles gostaram, mas Alan disse a George: "Volte aqui quando estiver mais velho!". Pouco depois, George entraria para a banda em que tocava seu amigo Paul: os Quarrymen. O romance entre George e Iris não durou, e logo eles terminaram, mas George guardou um carinho muito grande por ela e sua mãe.

Al formou uma banda de skiffle chamada Alan Caldwell Skiffle Group. Depois mudou o nome para Alan Caldwell's Texans. Mudou também seu nome para Rory, e logo virou Rory Storm e sua banda Hurricanes, que tinha na bateria um cara narigudo de Dingle.

A casa da família Caldwell passou a ser conhecida em Liverpool como Hurricaneville. Era ponto de encontro de todos. A mãe de Rory recebia bem todos os amigos e eles ficavam lá, bebendo, se divertindo, dando uns amassos e fazendo muitas festas, pois Iris tinha muitas amigas e elas eram doidas por seu irmão e pelos Beatles.

Os Beatles eram sempre bem-vindos, pois Rory os adorava e vice-versa. Nem a ida de Ringo para os Beatles abalou a amizade deles. Ringo já pensava em sair dos Hurricanes mesmo antes de se juntar aos Beatles. Na verdade, ele já havia saído e voltado uma vez, e sem causar atrito algum entre os amigos.

Em meio a tantas festas, Paul começou a namorar Iris. Já eram um pouco mais velhos em 1962, e Paul tinha algo em comum com George. Ele também adorava a mãe de Iris, Vi. Mas Paul tinha diversas namoradas e Iris era apenas uma delas.

O mais engraçado era que Paul também era apenas mais um namorado de Iris. Ela estava saindo com Frank Ifield, um cantor. Paul conseguiu com Brian Epstein ingressos para o show de Ifield no Empire e decidiu convidar Iris. Sentaram-se na segunda fileira, e ela tentou de todas as formas disfarçar que estavam juntos. Até que Frank Ifield os viu sentados lado a lado e começou a cantar a música "He'll Have to Go" (Ele tem que vazar). Paul ficou indignado, pois percebeu tudo. Queria quebrar a cara de Frank.

Foi na casa da família Caldwell que os Beatles assistiram à sua própria aparição na BBC, e "Love Me Do" estava nas rádios. Logo Iris, que era mais uma, se tornou nenhuma.

Há quem diga que a inspiração para "I Saw Her Standing There", cujo nome de trabalho era "Seventeen", era sobre ela. Ela tinha dezessete anos quando namorou Paul. Rory pediu a música para ele, mas Paul soltou um leve "talvez".

Com a fama, os Beatles se mudariam para Londres no ano seguinte. Essas pessoas foram todas ficando para trás. Mas eram sempre lembradas com carinho em entrevistas com os quatro. Ringo chegou a escrever uma música sobre "Rory Storm & the Hurricanes", e se ofereceu diversas vezes para ajudar Rory a gravar um disco. Mas, segundo sua irmã, ele estava feliz em ser o Rei de Liverpool e odiava turnês.

Por volta de 1967, Rory deu fim aos Hurricanes. Passou a ser DJ e ficou com sua mãe depois da morte do pai. Ele desenvolveu uma doença respiratória e precisava tomar pílulas para dormir. Em 1972, ele e sua mãe foram encontrados mortos em Stormville. Ele tomava as pílulas e muita bebida. Sua morte foi acidental, segundo os legistas. Mas ao encontrá-lo morto, sua mãe tirou a própria vida.

Um triste fim para uma família que recebeu tão bem seus convidados.

HULME HALL

ASSIM QUE ACEITOU A OFERTA DO SR. EPSTEIN PARA SE JUNTAR aos Beatles, Ringo se despediu dos amigos Hurricanes e de Rory no acampamento Butlins, no País de Gales, onde tocavam constantemente para jovens de férias em acampamentos de verão. Colocou a bateria no porta-malas do seu Zodiac e seguiu para Liverpool. Enquanto isso, os Beatles tinham na bateria Johnny Hutch, que não gostava dos Beatles – nem os Beatles dele.

Assim, chegou na casa dos pais em Dingle, na Admiral Grove. Sua mãe adorou ver o pequeno Richy de volta. Ele foi ao banheiro, raspou a barba e foi para o Cavern encontrar seus novos companheiros.

Eles ensaiavam lá à tarde e teriam um show para fazer em Wirral, num local muito bonito e elegante: o Hulme Hall! Era o show anual da Sociedade de Horticultura local, então havia muitas flores ao redor dessa banda. Mas nem tudo eram flores naquela noite.

Neil Aspinall, grande amigo de Pete Best e roadie da banda, teve seu momento com o novo batera. Ele se recusou a montar o kit de Ringo. Segundo Neil, ele disse que não sabia como Ringo gostaria que sua bateria fosse montada, então o deixou montar por conta própria.

Ringo se sentiu ofendido e ficou bravo, mas tranquilamente montou seu kit Premier. Logo no bumbo estava escrito... Hurricanes? Não! Beatles? Não! Estava escrito "Ringo Starr"!

Como disseram na época, os Beatles eram John, Paul, George e um baterista. Naquela noite do dia 18 de agosto de 1962, no palco florido do Hulme Hall, eles passaram a ser John, Paul, George e Ringo.

O INCIDENTE NA CASA DA TIA GIN

GIN ERA IRMÃ DE JIM MCCARTNEY. MUITOS LIVROS TRAZEM a grafia do nome dela como "Jin", mas o correto é com G. Ela morava numa casa bem ampla e ajudou muito os meninos Mike e Paul quando Mary morreu. Paul a adorava, ela era praticamente uma segunda mãe. Paul tocou com os Quarrymen no casamento do primo e eternizou sua tia na música "Let'Em In", clássico dos Wings de 1976.

Em 1963, os Beatles estavam com o LP e o compacto "Please Please Me" vendendo muito bem, assim como o novo sucesso "From Me to You". Assim, quando foi chegando o mês de junho, os McCartney decidiram fazer uma bela festa para o aniversário de 21 anos do sobrinho famoso. A festa seria feita no quintal da casa, e eles alugaram uma grande tenda para receber os convidados na Dina's Lane, número 147, em Huyton.

Paul convidou muita gente. Estavam lá Ringo com seu padrasto Harry e sua mãe Elsie. George e seus pais, Harry e Louise. John

e Cyn. Brian Epstein. Gerry Marsden. Billy J. Kramer. Bob Wooler
e até alguns dos Shadows. Todo o clã dos McCartney e amigos estavam prontos para receber Paul e uma convidada muito especial:
Jane Asher.

Paul e Jane tinham começado a namorar havia pouco tempo, e
seria uma ótima oportunidade para ela conhecer Jim e Mike, as tias,
os primos e a cidade de Liverpool.

A festa teve muita comida e muita bebida. John bebeu demais,
como sempre. Na fila para ir ao banheiro, Bob Wooler decidiu fazer
uma graça com John. Chegou perto dele e perguntou: "Como foi a
lua de mel em Barcelona?".

Acontece que, logo após o nascimento de seu filho Julian, John
decidiu aceitar o convite do empresário Brian Epstein para alguns
dias na ensolarada Barcelona. Os outros Beatles iriam para a Ilhas
Canárias com os amigos de Hamburgo Klaus e Astrid, "viúva" de
Stuart. Assim, John deixou Cyn e Julian para trás e correu para viajar
com Brian. O que se passou em Barcelona é motivo de especulação
até hoje. Brian era gay e John contou em algumas entrevistas que passeou por cafés e restaurantes vendo Brian flertar com outros homens.

Segundo o próprio, nada aconteceu. Mas quando os Beatles estavam conhecendo Brian, em 1961, um colega da Faculdade de Artes
questionou John sobre Brian: "De qual de vocês ele... gosta?". Ao
contar a Brian, ele ficou irritadíssimo e ameaçou processar o colega
de John. Mas na época era crime ser homossexual. Poderia arruinar
sua vida definitivamente. Então, Brian falou com os Beatles em seu
escritório na Nems: "Sim, sou gay e espero que nunca joguem isso na
minha cara!". Fim de assunto. Nunca fizeram isso.

No aniversário de Paul, no quintal da tia Gin, John deve ter
lembrado – mesmo estando bêbado – do perigo daquela brincadeira
do até então amigo Bob Wooler. Além de não gostar da brincadeira,
John, o macho, pegou uma pá e arrebentou Bob. Não apenas isso,
chutou o homem diversas vezes no chão. Contam que Billy J. Kramer

e alguns membros de sua banda Dakotas agarraram John e o colocaram num carro junto com Cyn.

Bob ameaçou ir à delegacia, mas teria que justificar o conteúdo da ofensa para tomar tantos socos e pontapés. Brian conseguiu calar o DJ do Cavern. Assim, Bob Wooler, depois de anos, deixou de ser amigo dos Beatles e a festança na casa da tia Gin entrou pra história não apenas como a apresentação de Jane Asher a Liverpool, mas também a primeira vez que o nome dos Beatles e "daquele Lennon" foram parar num jornal de tiragem nacional, o *Daily Mirror*. Só que na sessão de crimes.

LOJAS

HÁ TRÊS LOJAS DE EXTREMA IMPORTÂNCIA PARA A HISTÓRIA dos Beatles em Liverpool. Infelizmente, nenhuma delas existe mais.

NEMS

Em 1961, Brian Epstein decidiu sair de seu escritório na loja de quatro andares de sua família na Whitechapel e fazer uma caminhada curta até a Mathew Street na hora do almoço para ver os tais Beatles no Cavern. Essa decisão mudou sua vida.

O avô de Brian, Isaac Epstein, migrou da Lituânia para a Inglaterra na década de 1890, com seu filho Jacob. Isaac casou-se novamente e foi morar na Walton Road número 80, em Liverpool. Com a nova esposa, ele teve seis filhos – um deles era Harry Epstein, pai de Brian. A família foi morar na Anfield Road número 27 e possuía uma loja que vendia móveis e sobreviveu não somente à Grande Depressão de 1929, mas também ao antissemitismo. Uma loja chamada

Nems (North End Music Stores), que vendia pianos, órgãos e partituras, estava à venda, então Isaac viu a possibilidade de expandir seu negócio e adquiriu a loja. Jim McCartney comprou seu piano de parede nessa nova loja.

Harry Epstein casou-se com uma moça de uma família que veio da Rússia, Minnie Hyman, que era conhecida como Queenie. Com ela teve dois filhos, Brian e Clive.

Brian nasceu no dia 19 de novembro de 1934 em uma maternidade particular na Rodney Street. A família agora morava na 197 Queen's Drive, em Childwall. Ele teve alguns problemas pessoais e voltou a Liverpool para trabalhar na nova loja da Nems que seu pai abriu no número 50 da Great Charlotte Street, bem no centro de Liverpool.

Ele estava empolgado, e ainda por cima trabalharia junto com seu irmão Clive. Agora a Nems teria uma sessão de vendas de discos, que logo se tornou um sucesso, devido ao brilhante trabalho de Brian e sua equipe. Ele tinha um ótimo relacionamento com as gravadoras e fazia um top 20 de vendas para publicar no jornal *Mersey Beat*. Toda vez que um cliente vinha e pedia por um disco que ele não tivesse disponível, ele comprava alguns a mais. Achava que, se houvesse procura por um título específico, haveria mais pessoas interessadas. Ele se orgulhava disso. Até que pedidos de "My Bonnie" começaram a aparecer.

"Qual o artista? Beatles? De Liverpool? Tem certeza? Bom, vou procurar para a senhorita!"

Também era lá que os Beatles iam comprar discos ou apenas ouvi-los. Fosse como Quarrymen, Moondogs, Silver Beetles ou Beatles, eles costumavam ir até a loja e ouvir os novos discos para adicionar ao setlist. Muitos lados B foram aprendidos (e no caso de John... *aprendidos* por debaixo de sua camisa) nas cabines da Nems, onde podiam tocar os discos sem comprá-los.

Não era a primeira vez que Brian ouvia esse nome "Beatles". Mas já eram três pedidos de "My Bonnie". Ele provavelmente viu alguma coisa no *Mersey Beat*. Deu uma olhada e encontrou a informação dada por Bob Wooler de que eles tocariam no Cavern, na Mathew Street. "Opa! É aqui perto!" A Nems agora era uma megaloja de quatro andares nos números 12-14, na Whitechapel. Brian não imaginava que essa banda local era aquele bando de garotos que vinham até a sua loja ouvir os discos americanos e loucos por lados B dos compactos.

Telefonou para Bill Harry, do *Mersey Beat*, e descobriu que os Beatles tocariam lá na quinta-feira, hora do almoço. Bill Harry telefonou para Ray McFall, dono do Cavern, e avisou que o sr. Epstein estava indo conversar com os Beatles. No dia 9 de novembro de 1961, ele se arrumou elegantemente, pegou seu casaco e chamou o amigo Alistair Taylor para ir com ele.

Quando Brian passou a ser empresário deles, os Beatles assinaram todos os seus contratos na Nems. Era o local das reuniões, e também onde semanalmente eles iam receber seus envelopes com o pagamento. Foi nesse escritório no segundo andar que Brian teve que dar a infeliz notícia a Pete Best: ele não era mais um Beatle.

Lá trabalharam Freda Kelly, Alistair Taylor e Peter Brown, e foram assinados contratos com Neil Aspinall e Mal Evans. Todos teriam um papel importantíssimo na vida dos Beatles.

Em outubro de 1962, Brian chamou todos os Beatles para que assinassem um contrato que não apenas faria a sociedade dos Beatles com ele, mas também a parceria "Lennon & McCartney" de compositores. Assinaram o contrato John Winston Lennon, Richard Starkey, Harold Hargreaves Harrison e James Louis McCartney. É que Paul e George ainda não podiam assinar por serem menores de idade.

Na frente da loja da Whitechapel, onde era a Nems, foi inaugurada a estátua de Brian Epstein no dia 27 de junho de 2022, no aniversário de sua morte. Brian morreu em Londres em 1967. Ele está enterrado em Liverpool, no Kirkdale Jewish Cemetery.

Naquele palco mal-iluminado, ele viu o suficiente para ver além.

HESSY'S

Essa loja de instrumentos musicais ficava na Stanley Street, pertinho do Cavern e bem no centro de Liverpool. Nessa loja, vários instrumentos icônicos foram comprados por diversos membros dos Beatles.

Colin Hanton, baterista dos Quarrymen, comprou seu primeiro kit de bateria aqui. Colin permaneceu na banda por bastante tempo, até que por fim ficaram apenas John, Paul e George em 1959. Sua bateria pode ser ouvida no acetato que fizeram na casa de Percy Phillips, onde gravaram "That'll Be the Day" e " In Spite of All the Danger".

A maioria dos instrumentos que os Beatles levaram para Hamburgo também vinha da Hessy's.

Allan Williams era um empresário que tentava de todas as formas enriquecer em Liverpool, e mantinha clubes como o Jacaranda e o Blue Angel. Através de contatos que tinha em Londres, teve acesso ao "descobridor de talentos" Larry Parnes, e conseguiu para os Beatles uma audição. Parnes gerenciava diversos cantores pop, e os Beatles acompanharam um deles, Johnny Gentle, até a Escócia. Um pouco depois, Williams conseguiu que eles fossem para Hamburgo, na Alemanha. Então os meninos precisavam de novos instrumentos para as longas noites de apresentação por lá.

John comprou sua primeira guitarra na Hessy's. Tia Mimi não daria dinheiro a ele, então ele teve que trabalhar, e trabalhar duro. Conseguiu parte da quantia, mas Mimi acabou pagando o restante. John comprou uma guitarra Hofner Club 40. Mimi disse anos depois: "Ele viu diversas guitarras na parede da loja. Escolheu essa e depois voltou feliz comigo pra casa no ônibus". Muitos dizem que John comprou essa Club 40 porque George havia comprado uma igual. A Club 40 teve um fim misterioso – ninguém sabe onde foi parar. Mais tarde, John comprou uma Rickenbacker e ficou famoso por ela. Mas a Hessy's entrou pra história como a loja onde John Lennon comprou sua primeira guitarra elétrica. E não foi só ele.

Dos Beatles, Paul era o que menos investia em instrumentos. Por anos teve seu Zenith acústico, mas agora seria necessário "ficar elétrico". Com pouco dinheiro, comprou a guitarra mais barata que conseguiu na Hessy's. Era uma Rosetti Solid 7. "Era bem barata, mas deu conta por um tempo." Nas idas e vindas de Hamburgo para Liverpool, ela teve seu fim de uma forma cômica e violenta. A guitarra começou a literalmente se desfazer, já que Paul costumava tirar cordas de um velho piano e colocar na Rosetti, e com o tempo o braço dela não aguentou a tensão. Um dia ela se quebrou de vez e Paul desistiu finalmente de usá-la. Então todos os Beatles, bêbados, pularam em cima dela e a destruíram por completo. A primeira guitarra de Paul McCartney teve seu fim no palco do Top Ten, em Hamburgo.

George já possuía duas guitarras quando, na tentativa de comprar uma Fender, acabou desistindo, pois era cara demais. Então comprou na Hessy's uma guitarra Futurama. Era bonita, parecia uma Fender e tinha um "ar futurista" por causa de seus knobs diferentes. George contava que deixou paga a primeira parcela e pagaria as outras quando recebesse pela banda, mas acabou sumindo, e a loja teve que tomar medidas para evitar esse tipo de situação. Uma pena, pois a Hessy's tinha o costume de dar crediário a jovens que mostravam boa-fé em pagar e um documento com o mínimo de comprovação de que poderiam fazê-lo. A Futuruma pode ser ouvida nas primeiras gravações dos Beatles com Tony Sheridan em Hamburgo. Principalmente em "Cry for a Shadow" e "Ain't She Sweet".

Como membro da outra grande banda de Liverpool, Rory Storm and the Hurricanes, Ringo Starr (como passou a ser conhecido) deu entrada no pagamento de um lindo kit Premier. Ringo se tornou profissional bem antes de entrar nos Beatles. Ele fizera parte da Eddie Clayton Skiffle Band e possuía um kit Ajax. Ringo entrou para uma banda chamada Texans e, com o tempo, os membros dessa banda arranjaram "nomes de palco", tornando-se Rory Storm and the Hurricanes. Richard Starkey gostava de anéis e gostava de música country & western. Por causa dos anéis ("*rings*") passou a se chamar Ringo. Starr era parte de seu sobrenome Starkey. Com o sucesso que sua banda fazia, conseguiu dinheiro suficiente para entrar na Hessy's e dar entrada num kit Premier.

Quando se juntou aos Beatles, ele usava esse kit. Com ele, Ringo gravou os dois primeiros compactos dos Beatles: o álbum "Please Please Me", de 1963, e o compacto "From Me to You". Depois compraria um kit Ludwig, mas isso já foi em Londres.

Há outra história famosa. John adorava Stuart Sutcliffe, um amigo da Faculdade de Artes. Stuart não tinha o menor talento musical, mas amava rock'n'roll e adorava o fato de seu amigo John estar numa banda. Stu era um pintor muito talentoso e conseguiu vender um de seus quadros por quase 90 libras (na época um bom dinheiro). Com a grana em mãos, John teve uma ideia. Propôs a Stu que comprasse um instrumento e entrasse na banda. Ele tinha duas escolhas: bateria ou baixo. Então foram até a Hessy's e Stu comprou um lindo baixo Hofner modelo 333 e começou a aprender a tocá-lo.

A Hessy's fechou em 1995.

RUSHWORTH & DREAPER

Com a morte de sua esposa Mary, em 1956, Jim McCartney – que fora músico profissional na sua juventude – decidiu alegrar seu primogênito. Foi até a Rushworth & Dreaper, antiga loja que vendia órgãos e na época havia começado a vender diversos instrumentos musicais. Jim achou que um trompete seria a melhor opção.

Paul tentou aprender. Chegou a tocar "When the Saints Go Marching In", mas desanimou depois de ficar com as bochechas salientes e rosadas e os lábios bastante inchados. Uma tarde, Paul voltou até a loja e trocou o presente por uma guitarra acústica Zenith, a qual ele ainda mostra em vídeos e documentários. Foi com ela que ele compôs sua primeira canção, "I Lost My Little Girl" (Eu perdi a minha garotinha). Muito provavelmente a "garotinha" era sua mãe.

Em junho de 1962, os Beatles foram pela primeira vez a Londres, para gravar "Love Me Do". Voltariam por duas vezes em setembro para gravá-la novamente. John e George tinham boas guitarras elétricas, mas precisavam de boas acústicas. Agora com um empresário – Brian Epstein –, John e George foram até a Rushworth e fizeram a encomenda de dois violões idênticos. Queriam que fossem iguais ao de Tony Sheridan, mas não conseguiram. Então compraram os Gibson J-160E. Jumbos, como eles chamavam. Esses dois violões foram usados em muitas gravações dos Beatles.

SEFTON PARK

RINGO STARR, EM SEU DISCO 2012, VEIO COM MAIS UMA MÚSICA sobre a cidade natal, intitulada "In Liverpool". Ele canta sobre como era bom passear por Sefton Park num dia bonito. Esse parque ao sul de Liverpool tem diversas conexões com os Beatles.

O parque foi inaugurado em 1872 pelo príncipe Arthur, filho da rainha Vitória. "Para que o povo de Liverpool desfrute!" Há quem diga que o coreto do período vitoriano foi a inspiração para a banda de um tal Sargento Pimenta.

Muitos dos Beatles iam passar o dia com suas famílias por lá nos domingos ensolarados. Tem um belo lago onde podiam pescar e até passear num pequeno barquinho a remo. Mike McCartney tirou uma foto de Paul no final dos anos 1950, com seu topete, jaqueta preta com as golas levantadas, remando um barquinho no lago. No aniversário de 150 anos do Sefton Park, Paul postou essa foto em suas redes sociais contando como gostava de ir lá com seus amigos, e mais tarde com os outros Beatles. Só para passear.

Stuart Sutcliffe cresceu na entrada sul do parque. A casa dos Sutcliffe fica bem em frente ao portão do parque, e na entrada leste é o início de Penny Lane.

No dia 25 de março de 1963, logo depois que os Beatles voltaram das gravações de "From Me to You"/"Thank You Girl" em Londres, o fotógrafo Dezo Hoffmann foi contratado por Brian Epstein para tirar "umas fotos dos meninos". Hoffmann foi até a casa de Paul em Forthlin Road e tirou algumas fotos dos rapazes. John estava esquentando a água para um chá. Ringo pegava garrafas de leite na porta. Paul subia pela calha. Os quatro no quintal de Jim McCartney.

Então Paul teve uma ideia. Dezo pegou seu carro, Paul levou Ringo em seu próprio carro e George deu carona para John, todos em direção ao Sefton Park. Lá eles tiraram diversas fotos nos belos campos. Dezo Hoffmann pediu que eles pulassem e tirou várias fotos deles "saindo do chão". Essas fotos ficaram muito famosas.

Foi aí que eles descobriram que Hoffmann tinha um monte de câmeras fotográficas no porta-malas de seu carro e... uma pequena câmera de filmagem. Pronto! Foi o suficiente para que eles se filmassem pulando pra lá e pra cá, como quatro Charles Chaplin. Pulavam e batiam uns nos outros e até no pobre Dezo, que estava ali tentando ajustar suas câmeras. Foram para um campo de golfe em Allerton e fizeram diversas tomadas. Essas filmagens, a cores mas sem som, apareceram no *Anthology* em 1995, mas ficaram mais famosas no vídeo de "Real Love". Foi um dia muito divertido. Depois Hoffmann sentou no banco de trás do carro de Paul e o filmou dirigindo pela Liverpool de 1963. Ringo estava ao seu lado.

Um ano mais tarde, o diretor Richard Lester viu essas filmagens e tirou diversas ideias para o filme *A Hard Day's Night*. Principalmente a cena em que os Beatles batem uns nos outros e correm pelo campo.

SAINDO DE LIVERPOOL?

O ANO DE 1963 MARCOU O FIM DOS BEATLES COMO RESIDENTES em Liverpool. Todos os programas de rádio – que antes eram na vizinha Manchester –, a BBC, os estúdios da EMI, as grandes casas de show e principalmente o aeroporto onde poderiam seguir para outros países ficavam em Londres. Assim que lançaram o compacto "Please Please Me", que logo foi seguido de um LP com o mesmo nome, e o compacto "From Me to You" chegando ao primeiro lugar nas paradas nacionais, Brian Epstein levou os meninos definitivamente para a capital inglesa.

Os Beatles ficariam lá por muitos anos, e voltariam a Liverpool ocasionalmente para visitar suas famílias. No entanto, até mesmo seus familiares, um a um, teriam de se mudar depois da chegada da beatlemania, com as aglomerações de fãs em volta de suas casas. Assim, cada Beatle tirou sua família de Liverpool. Tia Mimi, Harry e Elsie, Jim McCartney, Harold e Louise... todos partiram. Alguns para perto e outros para bem longe, como foi o caso de Mimi. Harry e Elsie foram os que mais relutaram em sair de Dingle e de sua casa na Admiral Grove.

No dia 29 de agosto de 1963, um documentário chamado *The Mersey Sound* foi filmado em Liverpool. Nele as famosas cenas que estiveram em praticamente todo documentário já feito sobre os Beatles foram filmadas. Ringo saindo de sua casa na Admiral Grove e uma multidão de garotas e garotos querendo abraçá-lo. Ele então corre para um carro conversível com George ao volante e eles partem com a garotada agarrada na traseira do carro. Também nesse dia os quatro foram filmados num *ferryboat* pelo rio Mersey e caminhando pelas docas, dando autógrafos para as garotas. Por fim, foram ao aeroporto em Speke e encenaram uma saída de um avião para ser editada com eles chegando num estúdio de TV para gravar um programa. Essas foram algumas das últimas imagens deles ainda residentes em Liverpool.

Eles voltariam no dia 10 de julho de 1964 para a *première* de *A Hard Day's Night* no Odeon. Chegaram no Aeroporto em Speke e uma multidão os esperava. Foram de carro até a Prefeitura. Na sacada do prédio, o prefeito e a primeira-dama os aguardavam com uma multidão de fãs. Eles ficaram chocados com tanta gente nas janelas dos prédios e nas ruas. Mais de 200.000 pessoas foram vê-los retornando a Liverpool. As pessoas se amontoaram na esquina da Castle Street com a Dale Street, junto aos três arcos e a sacada da Prefeitura, com suas belas colunas. Ali, olhando para o seu próprio povo, os quatro rapazes receberam todo o amor das pessoas de Liverpool. Mas eles já pertenciam ao mundo naquele momento. Eles já estariam em Londres no dia seguinte para gravar um programa de TV.

Os Beatles retornariam no final daquele ano e mais uma vez em dezembro de 1965 para shows gigantes no Teatro Empire. Depois disso, juntos como uma banda, nunca mais.

Durante a década de 1960, as bandas e cantores empresariados por Brian Epstein – como Cilla Black, Gerry and the Pacemakers, Billy J. Kramer and the Dakotas – tiveram sucesso. Outras bandas de Liverpool surgiram e houve o Mersey Sound. Mas no meio da década, muitos deles não acompanharam os Beatles. Bandas de Londres surgiram, como os Rolling Stones e The Who. Assim, o "Som de Liverpool" foi sendo esquecido. A cidade passou a ser "A cidade dos Beatles" ao longo dos anos, e apesar de seus famosos times de futebol, ela permanece reconhecida mundialmente pela história dos Beatles e de toda a música criada lá no início dos anos 1960.

Mas e depois? Como ficou o relacionamento dos nossos meninos com a cidade?

No caso de John, haveria mais uma visita, que seria bastante interessante. Em junho de 1969, John decidiu levar Yoko até a Escócia para apresentá-la a toda a sua família. Naquela época, Kyoko – filha de Yoko – estava vivendo com eles, então John pegou seu filho Julian e os quatro entraram em seu Mini Cooper e saíram de Londres para Liverpool.

A viagem até lá correu bem. John apresentou seu novo amor para as tias e primos. Mimi não morava mais em Liverpool nessa época, então Yoko conheceu outras irmãs de Julia, Harrie e Nanny, na Gateacre Park Drive 137. Ele visitou também a Holmbrook Special School, na Blomfield Road número 1, que era uma escola para crianças especiais. Decidiu pegar um carro maior, pois estava com duas crianças dentro de um Mini. Alugou um Austin Maxi em Liverpool e de lá partiu para o norte, em direção a Edimburgo, para visitar a outra tia, Mater.

Na volta, ele sofreu um acidente e teve um corte profundo no maxilar. Yoko teve que ser hospitalizada, assim como sua filha. Julian só levou um susto. Assim, a última vez que John Lennon esteve em Liverpool foi em 26 de junho de 1969. Ele se mudaria para os Estados Unidos em outubro de 1971 e, devido a problemas com a imigração, não poderia sair de lá, correndo o risco de não poder mais retornar. Mais tarde conseguiria o *green card* e poderia entrar e sair dos EUA livremente. Entre 1976 e 1980, viajou o mundo, mas jamais voltou para o Reino Unido.

É difícil afirmar quando foi a última vez que George Harrison foi a Liverpool. George comprou uma boa casa para seus pais perto da cidade e os visitava sempre, até a morte de sua mãe em 1970. Coincidentemente, nesse mesmo ano, ele comprou a imensa residência chamada Friar Park, nos arredores de Londres. Não demorou muito e boa parte de sua família foi morar com ele. Seus irmãos tomavam conta dessa grande propriedade.

George jamais fez turnês pelo Reino Unido. Em uma entrevista, Paul McCartney relembrou que George uma vez perguntou-lhe qual era a razão de ele ir sempre a Liverpool. Paul respondeu que ainda tinha familiares lá, ao contrário de George. De fato, como seu pai havia morrido em 1978, não havia motivos para que ele retornasse a Liverpool. Como George vivia uma vida bastante reclusa, é difícil afirmar com exatidão a última vez que ele foi à sua terra natal.

Já Paul e Ringo, abençoados por uma vida longa e um apreço por turnês, tiveram diversas oportunidades de voltar. Ringo fez um documentário chamado *Going Home*, em 1993, onde ele passeia por Liverpool e principalmente por Dingle, junto com seu filho Jason e seu padrasto Harry Graves. Ele mostra as casas onde morou, as escolas, o que sobrou do Cavern, reúne toda a família no hotel Adelphi, perto da Estação de Lime Street, e faz um ótimo show com sua All Star Band no Teatro Empire.

Uma outra passagem importante de Ringo pela cidade foi em 2008. Liverpool celebrava seu *status* de Capital Cultural Europeia e Ringo fez uma visita. Apresentou um belo show, mas cometeu uma gafe que quase arruinou sua imagem com seus conterrâneos. Em uma entrevista, ao perguntarem do que mais sentia falta de Liverpool, ele respondeu: Nada!

O povo orgulhoso de Liverpool ficou bastante chateado, mas Ringo se desculpou. Liverpool era para ele uma lembrança de tempos difíceis. Agora tinha residências em Londres, Mônaco e Los Angeles. Não sentia falta de morar na cidade. Além de não se importar muito em "salvar" sua velha casa em Madryn Street de ser demolida. A casa foi salva, mas não por ele.

Quanto a Paul McCartney, a qualquer oportunidade que aparece, o homem retorna. Há diversos momentos memoráveis dele em Liverpool. No especial *James Paul McCartney*, de 1973, ele juntou os membros de sua banda Wings e vários de seus familiares de Liverpool num pub chamado Ferry, em Egremont. Lá eles cantaram velhas canções e beberam muito. Jim e Mike McCartney, Gerry – dos Pacemakers –, tios, tias e muitos primos. Inclusive a tia Gin.

Paul faria shows icônicos, como o de 1975 no Teatro Empire, com os Wings, e depois em 1979 no Teatro Royal Court. Fez também um megashow em 28 de junho de 1990 nas docas, onde ele homenageia seu velho parceiro John ao cantar um medley: "Strawberry Fields Forever"/"Help!"/"Give Peace a Chance".

Paul também retornou a Liverpool para gravar seu álbum de música erudita chamado *Liverpool Oratorio*, em comemoração aos 150 anos da Royal Liverpool Philharmonic Orchestra. Ele fez um especial dentro da Catedral de Liverpool, em cujo coral ele fora rejeitado quando criança. Seu pai, Jim, sempre achou que Paul havia fracassado de propósito.

Houve shows no Cavern em 1999 e 2018, no Anfield Stadium em 2008, e num pub chamado Philharmonic, no programa de James Corden. Também passeou por Liverpool e visitou "uma das casas", em Forthlin Road.

Dos quatro, Paul foi o que pareceu nunca ter perdido o amor por sua terra natal. Mas John viu em Nova York semelhanças com sua velha Liverpool. Sentia saudades, planejava voltar em 1981 e reunir toda a família. Ligou para as tias, para os primos e para Mimi: "Diga a todos que estou voltando!".

Mas o destino "daquele Lennon" tinha outros planos.

LIVERPOOL DEPOIS DOS BEATLES

A SAÍDA DOS BEATLES DE LIVERPOOL NÃO FEZ COM QUE ELA fosse esquecida – ao contrário, a fama do quarteto acabou colocando a cidade no mapa. Hoje, Liverpool vive dos Beatles e de seus dois famosos times de futebol. Muitos a chamam de beatlelândia, e a cidade soube aproveitar isso. Por muitos anos não havia nada para fazer lá, a não ser visitar as casas que um dia foram moradia dos quatro famosos e correr o risco de ser enxotado pelos atuais moradores.

Há histórias (e fotos) de Allan Williams tomando um esporro de Mona Best nos anos 1970 e 1980, quando ele levava fãs para ver onde era o Casbah. Bob Wooler também tirou proveito, assim como os donos do Cavern, que participaram de documentários e escreveram livros. Outros também começaram a tirar proveito das histórias e ganhar uma grana. Assim como aqueles que conviveram com os Beatles em Hamburgo, Londres e Estados Unidos.

Há diversos lugares para se divertir muito em Liverpool. Tem o "A Hard Day's Night Hotel", que é perto do Cavern, onde ficava a loja

Hessy's, e diversos pubs e clubs na Mathew Street que são temáticos. Mudam de nome, mudam de dono, mas sempre há vários para todos os gostos.

Muitas das casas se tornaram museus, e em outras podemos até passar o dia e a noite, como na Arnold Grove, onde George nasceu. Podemos visitar o Casbah, o Empress, o Jacaranda... Pode-se visitar a casa da família de Brian Epstein, e até dormir nela.

O Aeroporto de Liverpool agora se chama Aeroporto Internacional John Lennon. Fica perto de Speke, às margens do rio Mersey, um pouco à frente do antigo Aeroporto de Liverpool. É incrível pensar que John trabalhou no aeroporto por um tempo para conseguir algum dinheiro para comprar sua primeira guitarra. Ele odiava o trabalho na lanchonete e cuspia nos sanduíches dos clientes de que não gostava. Agora, o aeroporto tem seu nome, uma estátua sua e parte da letra de "Imagine": *"Above us only sky"*. Aquele menino que pulava o muro de Strawberry Field jamais imaginaria isso.

Na Mathew Street localiza-se o Beatles Museum, que é da família Best. O museu tem muita coisa da época e é muito bom. Pelo Centro, há diversas lojinhas com itens relativos aos Beatles, e podemos gastar à vontade.

Há também o imperdível museu Beatles Story, nas Albert Docks, que expõe ternos, guitarras e muito mais. Da frente do Beatles Story sai o Magical Mystery Tour Bus, que circula pela cidade. Também nas docas, vale muito a pena visitar o Museu de Liverpool, que conta a história da cidade. Além de um Submarino Amarelo que você pode visitar.

É muito agradável ir até as docas e ouvir as gaivotas. Elas não param. Será que elas inspiraram Paul para aquele loop na música "Tomorrow Never Knows". Quem sabe? Liverpool está tão impregnada nos quatro Beatles. É sempre recomendável passear por ali e ver as águas barrentas do Mersey e imaginar quantas vezes John, Paul e George foram até ali para buscar encomendas com os Cunard Yanks, que eram jovens de Liverpool que trabalhavam nas rotas transatlânticas e traziam discos da América!

Impossível não lembrar dos clipes de "Free as a Bird" e "Real Love". Nesse último lembramos do piano branco saindo do rio Mersey e vemos o famoso prédio da Royal Liver e seu relógio.

Por fim, há as estátuas na Pier Head, esculpidas por Andrew Edwards. Cada uma delas tem um segredo:

Paul tem uma câmera. Muitos dizem que é uma homenagem à sua esposa Linda Eastman, que era fotógrafa.

John tem duas sementes nas mãos. Uma referência às árvores plantadas por ele e Yoko na Coventry Cathedral, ou podem ser dos carvalhos que ficavam perto do Edifício Dakota, em Nova York.

Ringo tem, na sola de sua bota, o número 8. Provavelmente uma referência a Liverpool 8, área em que viveu e que também é o título de uma música sua e de um de seus discos solo.

George tem algo escrito em sânscrito no seu cinto. É um mantra mais ou menos assim: "O Infinito além da concepção, meditamos na luz da sabedoria que é a suprema riqueza dos deuses que nos permite crescer em nossa meditação".

Lá estão os quatro, os nossos meninos, andando despreocupadamente pelas docas em direção ao rio Mersey. Virados para a América. Se seguirmos em linha reta pelas costas das quatro estátuas em direção ao Centro da cidade, chegaremos exatamente à Mathew Street e ao Cavern. É como se eles saíssem do Cavern, de Liverpool, e fossem conquistar o mundo.

As estátuas foram inauguradas em 2015 para o aniversário de 50 anos de sua última apresentação em Liverpool, no Teatro Empire. E por falar no Empire...

LIVERPOOL EMPIRE

DEPOIS DE PERCORRERMOS TODOS ESSES LUGARES HISTÓRICOS, o passeio vai chegando ao fim. Mas o que seria aquele prédio bonito logo depois da Estação de Lime Street?

Bem ao lado da estação, na própria Lime Street, há o Teatro Empire. Ele foi palco para apresentações dos Quarrymen, de Johnny and the Moondogs e dos Beatles. Três bandas com "aquele Lennon". Quando aconteceu a derradeira apresentação no topo do topíssimo, em 1965, aquele teatro já era bem conhecido pelos meninos.

No dia 9 de junho de 1957, os Quarrymen participaram de uma audição feita por Carroll Levis chamada "Starmaker". Era uma maneira de entreter as pessoas de uma forma bem barata, mas também de descobrir talentos para a TV. Bom, os Quarrymen não passaram nem da primeira fase. Talvez porque um tal de Paul ainda não fizesse parte da banda. Ele entraria no mês seguinte.

Em outubro de 1959 foi a vez de Johnny and the Moondogs. Um trio formado por John, Paul e George. Os Quarrymen agora eram passado, afinal, ninguém mais estudava na Quarry Bank. Era a mesma situação de 1957. Mas dessa vez eles passaram. As finais seriam no Hippodrome Theatre, em Manchester. Eles foram até lá, mas na impossibilidade de ficarem até o fim, por não terem como passar a noite, voltaram para Liverpool. Não era a hora de ficarem famosos.

No dia 28 de outubro de 1962, John, Paul, George e Ringo se apresentariam "de verdade" no Empire. Mas não iriam sozinhos ainda. Na época, Brian Epstein estava fazendo grandes shows e tinha mais gente: Craig Douglas, Jet Harris, Kenny Lynch e os Beatles. Eles tinham acabado de lançar "Love Me Do", o sucesso estava quase ali. Mas a atração principal era um ídolo imenso: Little Richard e sua banda Sounds Incorporated, que tinha um garoto no órgão chamado Billy Preston. Em breve ele se aproximaria dos Beatles, quando fosse para Hamburgo cumprir contrato.

Em 7 de dezembro de 1963, a história já era completamente diferente. Os Beatles eram a atração principal, e a BBC ia gravar um

programa chamado "It's the Beatles", que iria ao ar dali a alguns dias. Eles estavam na sua terra, com sua gente. O Empire estava lotado e, no fim do show, apareceu atrás de Ringo uma foto gigante da capa de *With the Beatles*. Os Beatles do Cavern, do Casbah, do Jacaranda não existiam mais. Agora eles pertenciam à Inglaterra, e dali a dois meses... ao mundo. Dá pra entender a tristeza dos fãs de Liverpool. Os meninos estavam indo embora.

Eles voltariam no dia 8 de novembro de 1964 e no dia 5 de dezembro de 1965. Já eram monstros sagrados da música. Prisioneiros

da fama absurda que conseguiram com seus sucessos, nem poderiam perambular pela terra natal. Nessa última apresentação, houve um momento de nostalgia, se é que já havia nostalgia em 1965. Paul decidiu tocar bateria para uma das bandas que abriram o show. Ele pegou as baquetas com a banda The Koobas e tocou "Dizzy Miss Lizzy". Talvez ele tenha visto ali a rara oportunidade de relaxar com sua gente e fazer como ele fazia no Cavern, quando Pete Best ia para o microfone para alegrar suas fãs ou quando ele precisava tocar bateria quando os velhos Silver Beetles não tinham baterista.

Foi ali, na Lime Street, que os Beatles tocaram a última vez em Liverpool. Lá mesmo, onde a velha e suja Maggie Mae roubou o viajante desavisado, onde os meninos esperavam Brian chegar de Londres, onde Jim McCartney passava apressado com o *Echo* debaixo do braço, Alf Lennon planejava outra viagem, Harold Harrison passava com seu ônibus, Mary McCartney com seu uniforme seguia rapidamente de bicicleta para atender uma mãe prestes a dar à luz, onde Julia passeava com seus lindos cabelos ruivos e homens babavam por ela, onde Elsie Starkey chorava com medo de perder seu pequeno Richy e de onde nenhum deles poderia imaginar que ficariam eternizados pela história de seus filhos famosos. Suas lendas, suas ruas, suas casas e seus dramas. Liverpool soube se aproveitar disso. E estão certíssimos.

Contei isso tudo para o taxista. Espero que ele tenha passado as histórias adiante e ganhado uma boa gorjeta.

Ticket pulsando na mão. Coração apertado. Vamos voltar pela Lime Street novamente e seguir para Londres? Ou... vamos voltar pelo Aeroporto Internacional "Aquele Lennon"?

AGRADECIMENTOS

A meus pais, minha Michelle, minhas irmãs, Paula e demais sobrinhos.

Gustavo Guertler, Germano Weirich, Jociele Muller e todos da Belas Letras.

Todo o meu carinho para a família de Karlo Schneider.

Por toda amizade, apoio e conselhos: Duda & Naty, Thadeu e Miriam Furtado, Custódio Guércio, Giovanni Guércio, Lili, Zezinho, Gracinha, Fabrício e Bruno, Maurício Moura, Rodrigo Rossin Streahl, Vinicius Fortes, Guilherme Gravina, Rodrigo Andrade, Anderson Marinho, Duda Medeiros e a banda Merseybeat, Norton, Cris e Valentina Gomes, Enio San, Alessandro e Dayse da Beatles Lounge Brazil e todo o povo de Recife. Edcarlos, Rodrigo Algarte, Handler Rezei, André Katz,Vítor Franke e Edvaldo Junior. Ariston "Sal" Junior, Andre Maschietto, Lucia Camargo, Sergio Farias, Naira Neder, Mario Freire, Marcelo Gross, Rogério Fonseca, Fabio Rejgen, Julio Cesar Cruz, André da Fonte Reis, Giuliano, Leandro Able, Paulo Neumann, César Killes, Fabio Lima, Sergio Nadal, Romero Carvalho, Anna e Lucas, Gilson Palazo. Dudu Brocchi e todo mundo da PUC-Rio. Matheus Chaves Jardim, Lílian Leila Pessanha, Diego Ribeiro, Junior Romagnolli, Lucas Nanini, Adriano Batista, Carlos Eduardo Montenegro, Anselmo Vieira, Caio "Magic Alex", José Geraldo Quintana, Rafael Oliveira, Ricardo Ribeiro, Andre Barbosa, Ricardo Moreira Gomes, Ygor Castello Branco, Alessandro Schifino, Ricardo Alves, Tulio Marques, Vidal Gomes, Braz, Jorge Pereira, Nilson César Guimarães, Marcos Wolfenson, Ricardo Rosado, Caio César Cirino, Elde Valente, Rafael Augusto.

Martha, Ringo & Lucy pelo amor incondicional e os melhores anos da minha vida.

Charlô, Charlie & Vader, Frajola, Frajolinha, Miaú, Magnus, Boréu... e todos mais que vierem.

Selena, Josefina, Magninha e... amor da minha vida... Marilu.

A todos os amigos da Beatles School.

Aos quatro que mudaram a minha vida.

Marilu gostaria de dizer: "tyyyyyyyyyyyyyyyyyyyyy888888"

SAIBA MAIS

SOM NA CAIXA

O clube de livros dos apaixonados por música.

www.somnacaixaclub.com.br

Este livro foi composto em Adobe Arabic e impresso em pólen bold 80 g pela gráfica Pallotti em março de 2023.